윤회와 인과의 실제 이야기

윤회와 인과의 실제 이야기

대장경의 절반은 윤회에 대한 교설이다! 모든 것은 자기가 짓고 자기가 받는다!

•석운광 지음•

운주사

서문

윤회전생과 삼세인과는 불교의 근본 교법이다. 수레는 두 바퀴에 의해 앞으로 나아가고 새는 두 날개로 높이 나르듯, 어떤 원리를 천명하는 교리에는 그에 적합한 가시적인 사례가 뒤따라야 더욱 감화력을 지니게 될 것이다. 윤회와 인과는 비록 삼세제불과 역대조사가 일심으로 전하시는 교리이지만, 이들 교리가 현실 속의 사례를 동반할 때에 우리 불자들은 윤회인과의 도리에 대한 굳은 믿음을 지닐 수 있을 것이다.

이에 지난 역사 속에서 발생하였던 윤회와 인과의 사례를 면밀히 검토하여 역사적 진실성이 분명하다고 판단되는 사안들만을 골라 한 권의 책으로 엮게 되었다.

이제까지 나는 윤회전생과 인과보응에 관한 수많은 사례를 접하여 왔다. 그들 중에는 대장경 속에 담겨 있는 것도 있고, 설화집 속에 담겨 있는 것도 있으며, 일반의 역사 속에 담겨 전해오는 것도 있다.

그러나 본서『윤회와 인과의 실제 이야기』를 편집함에는

사례 선택에 깊은 신중을 기하였다. 조금이라도 허구적이라 생각되는 것은 모두 버렸으며, 내용은 훌륭하나 역사적 근거가 분명하지 않으면 또한 과감하게 제외하였다.

'한 마디 틀리면 천 구절의 말이 소용없다', '돌 하나 잘못 놓으면 공든 탑이 무너진다'는 정신으로 하나의 사례만 잘못 선택하여도 전체 내용의 신빙성에 나쁜 영향을 끼친다는 점을 마음에 새기며 매번의 사례를 신중히 골랐다.

이렇게 하여 고른 이들 하나하나의 사례는 모두 엄밀한 고증을 거쳐 실제로 있었던 명확한 사실이라고 판단되는 것들이다. 그리하여 매번의 사례마다 상세하게 그 출처와 근거를 설명하여 놓았다. 아래에 윤회와 인과에 대해 간략히 살펴보고자 한다.

1. 윤회

'윤회'의 교설은 엄연한 불법의 근본 교리이건만 불자들 중에도 윤회에 대한 믿음이 견고하지 않음을 많이 보면서 안타까운 심정을 금할 수 없음을 자주 느낀다.

여러 경전을 열독하면서 이런 생각이 들었다.

'성서의 절반이 천국의 존재에 대한 메시지라면, 대장경의 절반은 윤회에 대한 교설이다.'

우리 불자들은 부처님의 제자임을 자처하면서도 부처님의 기본 교설인 윤회에 대한 가르침은 선뜻 받아들이지 않는다. 대장경의 바다에서 윤회의 교설을 늘 접하지만, 요즈음 일반 사람들은 눈에 보이지 않는 일은 믿지 않는다.

지난 세기에 미국을 중심으로 한 여러 국가에서 윤회에 대한 연구가 많이 진전되어 왔다. 이는 몇 가지 방법으로 진행되고 있다. 전생을 기억하는 어린아이를 연구하는 일, 신이한 능력을 가진 사람에 의한 전생의 투시, 최면을 통한 연령퇴행에 의한 전생 기억 추적 등을 들 수 있다. 이러한 연구를 수행해 온 여러 학자, 영능력자들은 각자가 자기 분야의 연구물을 정리해 책으로 발간하여 윤회전생의 소식을 세상에 널리 알리고 있다.

깨어난 사람은 사회의 조류보다 앞서 지혜와 용기로 새로운 사실을 자기의 것으로 받아들인다. 생명의 본질에 대해 진지한 관심과 탐구적인 정성을 가지고 있는 사람이라면 이제까지 밝혀진 사실만으로도 충분히 윤회의 사실을 인정할 것이다.

윤회를 받아들이면 다음과 같은 좋은 점이 있다. 우선 윤회를 인정함으로써 삶의 허무함을 극복할 수 있다. 윤회에 대한 교설은 생을 살아가는 모든 존재들에게 희소식으로 다가온다. 생은 한 생으로 그치지 않고 영원토록 이어진다는 기쁜 소식인 것이다.

다음으로 우리는 부처님의 윤회 교설에 충실함으로써 우리의 생활이 도덕적으로 한층 더 승화될 수 있도록 할 수 있다. 또한 윤회에 대한 소식은 불평등으로 가득한 이 세상에 대해 불교적으로 달관한 사고를 갖도록 해준다.

끝으로 윤회를 통하여 한 생 한 생 수행을 거듭함으로써 불교의 이상향이요 근본 목표인 청정해탈의 경지로 나아갈 수 있다는 가능성을 갖게 된다. 지극히 어려운 과정인 수행과 해탈의 길을, 미래를 기약 받은 윤회를 통해 우리는 성취해낼 수 있는 것이다.

2. 인과

인생에는 엄연히 '운명'이 있다. 인생이란 한 치의 어긋남이 없이 운명에 의하여 전개된다. 눈앞의 현실은 모두가 운명의 그림자에 불과하고, 인생의 본체는 각자의 내면에 존재하고 있는 자신의 운명이다.

그런데 이러한 운명은 무엇에 의해 만들어지는가? 이에 대한 답으로 불교에서는 '인과의 법칙'을 천명한다. 지난날의 행업에 의해 지금의 모습이 있게 되고, 지금의 행업에 의해 앞날의 모습이 만들어진다는 것이 불교의 근본 입장이다.

운명이란 조상의 영향, 절대자의 의사, 자연의 환경 등 외부적인 요소에 의해 정해지는 것이 아니라 일체중생의 자기행업이라는 내부적인 요소에 의해 만들어지고 유지된다.

운명이란 과거세에 자신이 지은 것을 지금 받는 것이며, 또한 앞으로의 운명은 지금 스스로가 만들어 나간다. '모든 것이 자기가 짓고 자기가 받는다'는 도리는 천경만론千經萬論에서 천명하는 우주의 법칙이며, 역대조사가 한결같이 고구정녕으로 설파하는 인생의 원리이다.

인생이란 큰 농사이다. 농부가 씨앗을 뿌리고 이를 가꾸는 것은 일 년의 농사이지만, 사람이 미래세 행복의 씨앗을 뿌리며 자신의 운명을 잘 가꾸어 나가는 것은 인생의 큰 농사이다.

불조께서 설하시는 '모든 것이 자기가 뿌리어 자기가 거두는 인과의 도리'를 깊이 믿고 높이 받들어, 우리 모두 지난날의 운명에 메이지 말고 밝은 앞날의 운명을 적극적으로 만들어 나가기를 기원한다.

2018년 5월
석운광 합장

윤
회
편

제임스 휴스턴의 환생

수행승들이여! 이 윤회는 시작을 알 수 없다. 무명에 덮인 뭇 삶들은 갈애에 속박되어 유전하고 윤회하므로 그 최초의 시작을 알 수 없다.

－『쌍윳따니까야』

I

본 사례는 2차 세계대전 당시 해군 비행사였던 제임스 휴스턴이라는 이름의 청년이 사망한 뒤 53년 후에 제임스 라이닝거라는 이름의 어린아이로 다시 환생하였다는 이야기로, 미국에서 가장 잘 알려진 사례 가운데 하나이다.

이 이야기는 미국의 저명한 방송사인 ABC[1]와 CNN, FOX

---

1 2012년 4월 15일 「프라임타임(Primetime)」 프로그램과 2014년 7월 15

등에서 상세히 보도되었다.

　제임스 라이닝거의 부모 라이닝거 부부는 아들의 환생 이야기를 『영혼 생존자(*Soul Survivor*)』라는 제목의 책으로 출간하였는데, 이 책은 전 세계 10개 이상의 다른 언어로 번역되기도 하였다.

　전생의 제임스 휴스턴은 1923년 10월 22일에 태어나 전투기를 조종하던 해군 장교로 복무하던 중, 1945년 3월 3일 일본열도 부근에서 일본군의 사격에 의해 자신의 전투기가 격추당하여 사망하였다.

　그로부터 53년 후 휴스턴은 미국 루이지애나 주에 거주하고 있는 브루스 라이닝거와 앤드리아 라이닝거 부부의 아들로 다시 태어났다. 생후 2년경부터 전생의 제임스 휴스턴임을 암시하는 징조를 보이다가, 몇 년에 걸친 부모의 추적 끝에 결국 환생임이 밝혀지게 된다.

　아래에서는 『영혼 생존자』의 내용을 요약하여 싣는다.

　일 「굿 모닝 어메리카(Good Morning America)」 프로그램에서 자세히 보도되었다.

II

제임스 라이닝거는 생후 두 번째 생일을 넘기고 3주쯤 후인 2000년 5월 1일부터 밤마다 악몽을 꾸기 시작하였다. 일주일에 4, 5회씩 되풀이된 악몽에서 제임스는 "비행기가 격추되었다! 비행기가 불길에 휩싸였다! 작은 사람은 나갈 수가 없다!"라고 외치며 허공에 발길질을 했다.

아들의 악몽을 지켜보는 부모는 밤에 깊은 잠을 이룰 수도 없을 만큼 걱정에 잠겼다. 제임스의 부모는 의사를 집으로 불러 악몽을 꾸는 현장을 보여주기도 했지만, 의사는 별 문제가 없다고 말하였다.

어느 날 어머니가 제임스에게 물어보았다.

"아들아! 너의 비행기에 무슨 일이 일어났니?"

제임스는 답하였다.

"비행기는 불길 속에 추락했어."

"왜 너의 비행기가 추락했니?"

"총에 맞았어."

"누가 비행기를 쏜 거니?"

"일본인!"

얼마의 시간이 흐른 어느 날 제임스는 악몽에 대해 상세하게 이야기하기 시작했다.

어머니 앤드리아가 물었다.

"비행기 속의 작은 사람은 누구니?"

"나."

"너는 그 작은 사람의 이름을 기억하니?"

"제임스!"

아버지 브루스가 질문을 이어받았다.

"어떤 종류의 비행기를 그 작은 사람이 몰았는지 기억하니?"

제임스는 주저 없이 대답하였다.

"코르세어(Corsair)!"

"너의 비행기가 어디로부터 이륙했는지는 기억하니?"

"배."

"너의 배 이름을 기억하니?"

"너토우마(Natoma)!"

"일본식 이름처럼 들리는구나."

"아니야, 그 배는 미국 배야."

두 살배기 아이는 '너토우마'라는 이름 너머로 그의 아버지 앞에 서 있었다. 브루스는 컴퓨터에서 너토우마라는 이름을 검색하기 시작했다. 브루스는 일어섰다. 그리고 놀라움에 찬 목소리로 말했다.

"너토우마 베이(Natoma Bay)는 실제로 2차 세계대전 당시

너토우마 베이

태평양에서 싸웠던 미국의 항공모함이야!"

브루스는 혼돈에 빠져들기 시작했다. 그것은 많은 현대인
들의 사고방식과 같은 것이었다. 그의 배경은 전통적인 학교
교육을 받은 사람에 기원하고 있었으며, 그의 영적인 측면은
기독교 신앙에 근거하고 있었다.

그러나 거기에는 분명히 2차 세계대전에서 싸운 항공모함
인 'USS 너토우마 베이 CVE-62'가 있었다. 심지어는 그 배의
흑백사진도 있었다.

그해 10월의 어느 날 밤 브루스는 잠자리 인사를 하면서 제
임스에게 말하였다.

"오늘 밤은 그 작은 사람에 대해 꿈꾸지 말거라."

제임스는 말하였다.

"아빠! 그 작은 사람의 이름은 제임스야."

"아가야, 너의 이름이 제임스야."

그러나 제임스는 주장하였다.

"그 작은 사람도 역시 제임스야."

앤드리아가 물었다.

"너는 꿈속에서 그 밖의 다른 사람을 기억하니?"

제임스는 잠시 생각에 집중하더니 분명히 말하였다.

"잭 라슨(Jack Larsen)!"

"잭은 제임스의 친구였니?"

"그 역시 파일럿이었어."

제임스는 언제나 비행기 장난감을 갖고 놀기를 좋아하였고, 또한 비행기에 대해 잘 알았다.

한번은 앤드리아가 제임스를 데리고 마트를 찾았을 때의 일이다. 진열대를 지나다가 장난감 코너에 이르렀는데, 그곳에는 비행기 모형의 장난감들이 진열되어 있었다. 프로펠러로 나는 작은 모형 비행기 장난감 하나를 들고서 앤드리아가 제임스에게 말하였다.

"보렴. 밑에는 폭탄도 달려 있네."

그러나 제임스의 말은 엄마를 놀라게 만들었다.

"엄마, 그건 폭탄이 아니야. 그건 비상연료탱크야."

그 후 오랜 시간의 컴퓨터 검색과 수소문, 탐방 끝에 2차 세계대전 중에 너토우마 베이함에서 전사한 21명의 명단 가운데 '제임스 휴스턴(James Huston)'이라는 이름이 있다는 것을 알아냈다.

또한 휴스턴은 1945년 3월 3일 일본 부근의 '치치지마'라는 섬에서 일본군의 대공사격에 의해 격추당하여 사망하였다는 사실도 밝혀냈다.

아울러 제임스 휴스턴과 함께 너토우마 베이함에서 복무하였던 잭 라슨이 아칸소 주에 여전히 살아 있음을 알았고, 이어 2002년에 브루스는 아칸소 주로 그를 방문하러 갔다. 잭 라슨은 제임스 휴스턴을 잘 알았고, 또한 휴스턴이 사망한 날짜가 1945년 3월 3일이라는 사실을 분명히 기억하고 있었다.

브루스가 잭 라슨을 방문하고 돌아오는 날, 라슨은 브루스에게 제임스에게 건네주라며 비행 헬멧을 전달하였다. 그 헬멧은 휴스턴이 사망하던 당시 라슨이 사용했던 것이었다.

집으로 돌아온 브루스가 제임스에게 헬멧을 주자 제임스는 그 헬멧을 능숙하게 착용하였다. 이후 장난감과 놀거나 테이프를 볼 때에는 언제나 헬멧을 썼다.

2002년 가을의 일이다. 집안을 청소하던 브루스는 그의 아

들을 껴안으면서 "너를 나의 아들로 갖게 되어 무척 행복하단
다"라고 말했다.

그러나 제임스는 브루스에게 오싹하게 느껴질 음성으로 답
하였다.

"그것이 바로 내가 당신을 선택한 이유이지. 나는 당신이
좋은 아빠가 될 것이라는 것을 알았어."

브루스는 그가 무엇을 들었는지 의아해하며 말했다.

"너 방금 뭐라고 말했니?"

제임스가 말했다.

"나는 당신과 엄마를 발견하였을 때, 나에게 좋을 것이라는
것을 알았어."

비록 그 말이 네 살 된 아이의 입으로부터 나왔음에도 불구
하고 그것은 어린아이의 음성이 아니었다.

브루스는 되물었다.

"어디에서 우리를 찾았니?"

"하와이."

브루스는 무척 놀라 제임스가 어느 곳에서 그들 부부를 발
견하였는지 묻자, 제임스가 말했다.

"나는 큰 분홍 호텔에서 당신들을 찾았어. 나는 해변에서
당신들을 발견했는데 당신들은 밤에 저녁을 먹고 있었어."

제임스 휴스턴(좌)과 환생한 제임스 라이닝거(우)

제임스가 태어나기 전 해인 1997년 브루스와 앤드리아는 그들의 결혼 5주기를 기념하기 위해 하와이로 갔었다. 그들은 분명히 와이키키 해변에 있는 분홍빛의 로얄 하와이언 호텔에 머물렀다. 그리고 마지막 날 밤 달빛이 비치는 해변에서 저녁식사를 했는데, 그것은 앤드리아가 임신하기 5주 전의 일이었다.

지금 제임스는 그 당시의 일을 완벽하게 묘사하는 것이었다. 이 일은 브루스 부부 누구도 이전에 제임스에게 말한 적이 없는 것이었다.

제임스 휴스턴에게는 두 명의 누나가 있었는데 큰 누나는 이미 사망하였고, 둘째 누나 앤 휴스턴 베런(Anne Huston

코르세어 전투기

Barron)은 2003년 당시 이미 84세의 나이로 캘리포니아 주에
살고 있었다.

　여러 번의 통화 후에 앤은 제임스 휴스턴에 관한 여러 사진
을 보내왔다. 그래서 라이닝거 부부는 제임스 휴스턴이 어떻
게 생겼는지 알게 되었다. 그 사진들 가운데에는 코르세어 비
행기 앞에 서 있는 제임스 휴스턴의 사진도 들어 있었다.

　이 순간 하나의 의문이 풀렸다. 기록에 의하면 제임스 휴스
턴이 전사하던 당시 몰던 비행기는 '코르세어'가 아니라 'FM-
2 와일드캣' 전투기였다. 그런데 앤이 보내온 사진 속 비행기

는 분명히 '코르세어'였다.

너토우마 베이함의 전투 기록에는 항공모함에 코르세어 비행기가 있었다고 보고되어 있지 않았다. 앤이 보내온 사진에 의해 비로소 2차 세계대전 당시 코르세어를 몰았다고 거듭 거듭 말하는 제임스의 주장이 입증된 것이었다.

또한 브루스는 그때부터 인간의 이성 저 너머의 어떤 것을 믿기 시작하게 되었다.

그로부터 시간이 지나 2004년 9월이 되었다. 브루스는 2002년 캘리포니아 주 샌 디에고 모임에 이어, 이번에는 가족을 데리고 텍사스 주 샌 앤토니아에서 개최된 너토우마 베이함 협회 전우 모임에 참석하게 되었다.

그곳에서 제임스는 잭 라슨을 만나 인사를 나누게 되었고, 아울러 제임스 가족은 제임스 휴스턴의 둘째 누나 앤 휴스턴 베런과도 만나 서로 인사를 나누었다.

모임 첫날 아침 앤드리아와 제임스는 폴로 셔츠를 입은 잘생긴 남자에 의해 걸음을 멈추게 되었다. 그들은 이전에 그를 본 적이 없었다. 그 남자는 제임스를 굽어보며 따뜻한 목소리로 물었다.

"너는 내가 누군지 아니?"

제임스는 그를 유심히 바라보았다. 얼마동안 생각하던 제임스는 답하였다.

"당신은 밥 그린월트(Bob Greenwalt)야."

그 남자는 충격을 받은 것처럼 보였다. 그리고 웃으면서 말하였다.

"맞아."

앤드리아는 물었다.

"당신이 정말로 밥 그린월트예요?"

그는 맞다고 답하였다.

후에 브루스는 그의 아들에게 물었다.

"너는 어떻게 그것을 알았니?"

제임스는 아버지에게 말하였다.

"나는 그의 목소리를 알아들어."

이 일은 이성적인 회의주의자인 그린월트조차 감명 받게 만들었다.

모임의 둘째 날 너토우마 베이함 참전 전우들은 함께 인근의 니미츠 박물관을 방문하게 되었다. 그곳에는 많은 것들이 전시되고 있었는데, 그것들 가운데에는 5인치 대포도 포함되어 있었다. 제임스는 그 대포에 올라가기를 원하며 말하였다.

"너토우마 베이에도 이 대포가 있었지."

너토우마 베이함에 복무하였던 스텐리 페일드와 프랭크 울러드는 제임스 바로 곁에 있었는데, 그들은 방금 들은 바를 믿을 수가 없었다.

제임스의 어머니가 스텐리에게 물었다.

"그 대포는 어디에 위치하고 있었나요?"

제임스가 대신 답하였다.

"선미 돌출부 위에."

이에 두 참전 전우는 제임스를 뚫어지게 바라보았다. 그곳은 바로 5인치 대포가 놓여 있던 바로 그 위치였던 것이다.

3일간의 모임을 마치고 브루스 부부는 아들이 시달렸던 악몽의 수수께끼를 풀 수 있게 되었다. 집으로 돌아오는 길에 브루스와 앤드리아는 행복했다. 그들을 누르고 있던 큰 짐이 벗겨진 것이다. 그들은 또한 무언가 심오한 것을 깨닫게 되었다.

이안 스티븐슨의 전생 연구

사람의 한 몸이 방에 머물다
그 방을 떠나는 것처럼,
정신은 형체로 집을 삼았으니
형체가 무너져도 정신은 없어지지 않는다.

정신이 이 몸속에 깃듦이
마치 참새가 그릇 가운데 숨음과 같네.
그릇이 부서짐에 참새가 날아가듯
몸은 무너져도 정신은 살아 있다네.
- 『법구경』

I

의학박사 이안 스티븐슨(Ian Stevenson)은 1918년에 출생하여 2007년에 사망한 캐나다 출신의 미국 정신의학 교수이다. 그는 40년이 넘는 시간 동안 전 세계를 여행하며 전생을 기억하는 어린아이들의 사례 3,000가지를 조사한 것으로 유명하다.

스티븐슨은 캐나다의 몬트리올에서 출생하였다. 그의 아버지는 법률가로 〈런던 타임즈〉의 캐나다 주재 기자였으며, 그의 어머니는 신지학神智學에 흥미를 가진 여성이었다.

어머니 덕분에 스티븐슨은 초자연 현상을 포함하여 여러 분야에 걸친 방대한 독서를 할 수 있었다. 보고에 의하면 스티븐슨은 일생 3,500권에 이르는 책을 읽었다고 한다.

그는 스코틀랜드에 있는 앤드류 대학에서 의학을 전공하고, 1943년에 캐나다 몬트리올에 있는 맥길 대학에서 의학박사 학위를 받았다. 이후 여러 병원과 대학에서 근무하다가, 1957년에 버지니아 대학 정신의학과 학과장으로 임명받았다.

1950년대 말부터 스티븐슨은 전생을 기억하는 아이들에 관한 연구를 시작하여 1960년 「전생의 기억으로부터 생존한다는 증거」라는 글을 발표했는데, 이 속에는 전생을 기억하는 44명의 어린아이에 관한 사례가 담겨 있다.

이 글은 초심리학 협회의 설립자 에일린 게럿(Eileen

이안 스티븐슨 박사

Garrett, 1893~1970)의 관심을 끌었다. 그녀는 스티븐슨이 전생 기억을 가진 어린아이들을 인터뷰하기 위해 인도와 스리랑카를 여행할 수 있게끔 자금을 지원하였다.

스티븐슨은 인도와 스리랑카에서 몇 주 만에 25명에 이르는 전생을 기억하는 어린아이들의 사례를 찾았으며, 이 여행은 그로 하여금 전생 기억을 가진 어린아이들의 사례가 풍부하다는 사실을 확신케 하였다. 이 사례들은 1966년 그의 첫 번째 저술인 『윤회를 제안하는 스무 가지 사례』로 출판되었다.

이안 스티븐슨의 첫 번째 인도 방문을 즈음하여 발명가 체스터 칼슨(Chester Carlson, 1906~1968)이 그의 작업에 대하여 재정적 지원을 제공하기 시작했다.

초심리학 협회의 설립자 에일린 게럿

  1968년 칼슨이 세상을 떠날 때 버지니아 대학 앞으로 스티븐슨의 작업이 이어질 수 있도록 백만 달러를 기부하였고, 나아가 스티븐슨 본인에게도 윤회에 관한 연구를 계속할 수 있도록 백만 달러를 기증하였다.

  이 돈으로 스티븐슨은 윤회에 대한 현장연구를 수행하기 위해 광범위하게 여행을 하였다. 1966년에서 1971년에 걸쳐 아프리카, 유럽, 인도, 남북 아메리카 등지를 방문하여 인터뷰에 바탕을 둔 사례조사를 진행하였다.

  스티븐슨은 그가 연구한 어린아이들이 전생에 대해 말하기 시작한 것은 두 살에서 네 살 사이이며, 일곱에서 여덟 살이 되어서는 전생에 대해 말하는 것을 그치게 된다고 보고하였다.

스티븐슨의 연구는 목표를 최소한으로 제한한 것이었으며, 종교적 주장과 무관한 윤회의 모델이 그의 연구의 대상이 되었다. 그리하여 일생 3,000가지에 이르는 사례를 수집하였다.

그의 연구에 대해 정신과 의사 헤럴드 리프는 다음과 같은 평을 하였다.

"스티븐슨은 엄청난 실수를 하고 있는 것이거나, 아니면 20세기의 갈릴레오로 알려질 것이다."

이안 스티븐슨은 다음 등과 같은 저술을 남겼다.
- 『윤회를 제안하는 스무 가지 사례』(1966)
- 『윤회 타입의 연구』(1975)
- 『윤회 타입의 연구 2, 스리랑카의 열 가지 사례』(1978)
- 『윤회 타입의 연구 3, 레바논과 터키의 열두 가지 사례』 (1980)
- 『윤회 타입의 연구 4, 태국과 버마의 열두 가지 사례』 (1983)
- 『전생을 기억하는 어린아이들』(2000)
- 『윤회 타입의 유럽 사례들』(2003)[2]

이안 스티븐슨은 2002년에 은퇴한 후 2007년 2월 8일 버지니아 주 자택에서 폐렴으로 사망하였다. 그에 이어 아동정신과 의사인 짐 터커(Jim Tucker) 교수가 스티븐슨의 윤회 연구를 물려받아 지금도 계속하고 있다.

이안 스티븐슨이 연구하였던 버지니아 대학교는 버지니아주의 한 아름다운 평원 위에 위치하고 있다. 버지니아 대학은 윤회를 연구하는 사람에게 있어 하나의 성지이기도 하다. 그리하여 필자도 성지순례 삼아 2012년 봄에 버지니아 대학을 방문한 적이 있다.

2 비록 3,000가지에 이르는 전생 기억 사례를 연구하였지만 이안 스티븐슨은 윤회의 가능성에 대해 신중한 입장을 취하였다. 그리하여 언제나 "윤회를 제안하는 사례", "윤회 타입의 사례"라고 언급하였다.

이안 스티븐슨의 공적은 전생을 기억하는 어린아이들의 방대한 사례수집에 있다고 본다. 그러나 사례수집과 해석은 별개의 문제라고 생각한다. 어린아이들의 전생 기억에 대한 해석과 판단은 사례를 접하는 각자에게 달려 있을 것이다.

필자에게 있어 스티븐슨 교수의 3,000가지 사례는 윤회에 대한 더 이상의 논란여지가 없는 확실한 증거로 여겨진다. 사례 몇 가지만 있어도 윤회의 증거로 받아들일 수 있는데, 하물며 수천 가지에 달하는 사례수집에 이르러서는 다시 무엇을 이야기할 필요성이 있을까 하고 생각하게끔 만들기에 충분하다.

II

어린아이의 전생 기억 연구에는 막대한 비용이 든다. 기본적
으로 현장방문이 전제되어야 할 것이며, 금생과 전생의 양쪽
가족에 대한 인터뷰가 진행되어야 하는 등 윤회 연구에는 재
정적으로 엄청난 비용이 소요된다.

이안 스티븐슨의 3,000가지 전생 기억 사례수집에는 앞서
말한 체스터 칼슨이라는 인물의 후원이 있다는 점에 대해 좀
더 상세히 알 필요가 있다. 칼슨이 기부한 2백만 달러는 1960
년대 당시에 엄청나게 큰 금액이었다.

체스터 칼슨은 지금 우리들이 쓰고 있는 제록스 복사기를
발명한 사람이다. 칼슨의 복사기 발명과 이안 스티븐슨 후원
에 대한 일화를 살펴보자.

체스터 칼슨이 세운 제록스사는 1956년 칼슨의 전기사진
법에 의해 세계 최초로 건식 복사기를 만들어 복사업계에 혁
명을 가져왔고, 그로 인해 제록스사는 세계 굴지의 대기업이
되었다.

칼슨은 1968년에 사망하였는데, 죽기 전 심령현상에 대해
연구하던 론 베어드에게, 집에 있는 조그마한 실험실에서 혼
자 연구를 하고 있을 때 일어났던 일에 대해 말해 주었다.

체스터 칼슨

베어드에 따르면, 칼슨이 밤늦게 혼자 실험실에서 실험을 하고 있을 때 허공에서 목소리가 들리면서 실험의 순서와 원리에 관해 상세히 설명해 주었다고 한다. 물론 그는 그 목소리의 가르침을 따랐고, 그렇게 하여 전혀 새로운 복사 방법을 발명하게 되었다고 한다. 그러나 그는 오해를 살 것을 꺼려해서 그러한 사실을 누구에게도 말하지 않았다고 한다. 심령학에서 말하는 영음靈音 현상이다.

그는 그 고마운 목소리의 은혜에 보답하기 위하여 심령현상 연구에 많은 돈을 기증했다. 이안 스티븐슨이 세계 최초로 전생의 기억을 가진 아이들에 관해 연구하게 된 것도 칼슨의 이러한 도움 덕분이었다.[3]

3 김기태가 지은 『영혼의 존재에 관한 62가지 미스터리』(하늘아래, 2010) 를 참조하였다.

꿈을 통해 환생을 알리다

세상 일체 남녀의 빈천과 부귀, 끝없이 받아야 하는 괴
로움과 다함이 없는 행복을 누림은 모두가 전생에 지은
인연의 과보이노라.

– 『삼세인과경』

I

사람의 꿈에는 '잡몽雜夢'이 절대 다수를 이루지만, 간혹 미래
를 예시하는 '예몽豫夢'도 있고, 돌아가신 조상이나 신령 혹은
영물이 의사를 전달하는 '영몽靈夢'도 있다.

죽은 사람이 살아 있는 사람의 꿈에 나타나 어떤 일을 이야
기하며 무엇을 요구하거나 어떤 의사전달을 하는 것을 일러
'탁몽託夢'이라 부른다. 우리 불자들이 늘 독송하는 『지장경』
에 이런 말씀이 있다.

"만약 꿈속이나 잠결에 온갖 귀신이나 다른 형상을 한 이들이 나타나 혹은 슬퍼하고 혹은 울고 혹은 근심하고 혹은 두려워한다면, 이는 과거세의 부모나 형제자매·부부권속이 악도에 떨어져 숙세의 골육에게 구해주기를 알리는 것이노라."

이 탁몽은 불교의 교리체계에서는 자연스러운 종교현상으로 받아들여진다. 아울러 지난 역사 속에서 탁몽의 진실함이 명확하게 드러나는 사안도 많이 발생하였다.

아래에서 살펴볼 두 가지 사례는 이러한 탁몽을 통한 환생을 보여주는 중국의 대표적인 이야기이다. 두 이야기 다 중국의 정사正史에 실려 있어 신빙성을 더욱 높여준다.

Ⅱ

이서李庶는 돈구頓丘 사람이다. 어려서부터 학문을 좋아하였고, 그의 집안은 심히 가풍家風이 있었다. 북제(北齊, 550~577)에 관직 살이를 하여 그 지위가 상서랑尙書郞, 사도연司徒掾에 이르렀으며 청아한 논변으로 이름이 알려졌다.

훗날 임장(臨漳: 현 하북성 한단시에 소속)의 현령에 봉해졌다가 사서史書를 논의한 일로 조정의 노여움을 사 곤장 이백

이서의 환생 고사

대를 맞고 임장의 옥중에서 죽었다.

이서의 처는 원라元羅의 딸이었는데, 이서가 죽자 이서의 형은 그녀가 혼자된 것이 안쓰러워 다시 조기趙起에게 시집가도록 하였다.

그로부터 몇 년 후의 일이다. 조기에게 시집간 원씨가 꿈을 꾸었는데, 꿈속에서 이서가 그녀에게 말하였다.

"나는 박복하여 유씨 집안에 태어나 그 집안의 딸이 되었소. 그러나 집안이 무척 가난하여 아무래도 나를 잘 못 키울 것 같소. 부부간의 옛정이 있으므로 이렇게 찾아와 알리는 바요. 그대는 마땅히 나를 데려다 키워 주길 바라오. 유씨 집은

칠제방七帝坊 십자함十字衡의 남쪽에 있는 동입東入의 가난한
골목에 있소."

원씨는 처음에 이서의 요청에 응하지 않았다. 그러자 다시
꿈속에서 이서가 고하였다.

"그대는 조기 공의 뜻을 두려워하는 것 같구려. 내가 스스
로 그에게 말하리다."

이에 조기도 마찬가지로 같은 꿈을 꾸었다. 조기가 잠에서
일어나 원씨에게 물으니 두 사람이 말하는 바가 서로 부합하
였다.

그리하여 돈과 비단을 들고 유씨 집을 찾아가 전후의 상세
한 사정을 말하고는 그 딸을 데려다 키웠고, 다 커서는 시집을
보내었다.[4]

---

4 이 이야기는 중국 남북조 시대의 사서인 『북사北史』 권43 이서전李庶傳
   에 실려 있다.

다시 태어나 찾아온 송나라 열녀

보살은 일체중생이 여러 갈래 가운데에 여기에서 죽어
저곳에서 태어남을 잘 안다.

-『화엄경』

왕씨王氏의 부인 양씨梁氏는 임천(臨川: 현 강서성 무주시撫州市
직할구) 사람이다. 남편에게 시집온 지 겨우 몇 달 만에 원나
라의 군대가 들이닥쳤다. 어느 날 저녁 양씨는 남편과 약속하
며 말하였다.

"원나라 군대가 왔음에 저는 필히 죽을 것이니, 절의節義상
더렵혀짐을 받아서는 안 될 것입니다. 훗날 만약에 다시 아내
를 맞이하고자 하면 마땅히 저에게 고하십시오."

얼마 후에 부부는 원나라 군대에 붙잡혔다. 천호千戶의 군

관이 한 명 있었는데, 양씨를 데려다가 범하려고 하였다. 이에 양씨는 말하였다.

"저의 남편이 지금 같이 있으니 부부의 정으로 감당할 수 없는 바입니다. 남편을 돌려보내주면 당신을 따르겠습니다."

이에 그 군관은 돈과 비단을 왕씨에게 주며 집으로 돌아가도록 해주었다.

그리고는 십여 리의 길을 나아가서 그 천호의 군관은 다시 양씨를 범하고자 하였다. 그러나 양씨는 거절하며 아울러 욕하였다.

"이 머리를 부술 놈! 나는 이미 남편과 서약하였는데, 천지신명이 지켜보고 있다. 이 몸이 차라리 죽을지언정 너와 동침할 수는 없다."

이에 군관은 양씨를 죽였다. 같이 붙잡혀 가다가 도망쳐온 사람이 이 일을 왕씨에게 이야기해 주었다.

그로부터 몇 년의 세월이 흘렀다. 왕씨는 대를 이을 후손이 없었으므로 다시 아내를 맞이하려고 하였다. 그러나 혼담이 오가다가도 곧 성사되지 못하였다. 이에 죽은 아내에게 고하였는데 꿈에 아내가 말하였다.

"제가 죽은 뒤 모씨 집안에 다시 태어나 지금 열 살이 되었습니다. 7년의 시간이 지난 뒤에 다시 당신의 아내가 되겠습니다.”

　다음날 사람을 보내어 알아보니 꿈속에서 죽은 아내가 말
한 바와 꼭 같았다. 그리고 그 태어난 해를 살펴보니 아내가
죽은 해와 같았다.[5]

5　이 이야기는 『송사宋史』 권460 열녀전列女傳에 실려 있다.

주수화의 차시환혼

자량資糧을 갖춘 자
길을 감에 안락하다.
중생 또한 이와 같아
복을 지으면 좋은 곳으로 간다.

이와 같이 복덕을 지음은
미래의 양식이 되도다.
복덕은 다음 세상에
좋은 곳에 태어나게 한다.

– 『정법념처경』

I

여기에서 살펴볼 내용은 대만과 중화권 불교계에서는 널리 알려진 사례이다. 금문도에 살았던 주수화朱秀華가 죽어 운림현 맥료향에 살고 있던 임망요林罔腰의 몸을 빌어 다시 살아난 이야기로, 언론에도 대대적으로 보도된 바 있다.

1981년에는 이 이야기가 「차시환혼借屍還魂」(시체를 빌어 혼이 돌아오다)이라는 제목의 영화로 제작되었고, 2008년에는 「맥료환혼기담麥寮還魂奇譚」이라는 제목의 텔레비전 드라마로 제작되어 방송되기도 하였다.

대만의 중서부 운림현雲林縣 맥료향麥寮鄉에 살고 있는 오추득吳秋得은 건재상회를 운영하고 있었는데, 1959년 그의 부인 임망요가 40여 세의 나이로 병을 앓다가 죽었다.

그런데 죽은 부인이 다시 살아나더니, 자기는 더 이상 오추득의 아내가 아니라 대만해협의 금문도金門島에 살던 18세 소녀 주수화라고 밝혔다.

1958년 8·23 금문포격전[6]이 시작되자, 주수화는 배를 타고 피난길에 올랐다. 주수화가 탄 배는 대만의 한 섬에 도착했는

---

6   1958년 8월 대륙의 중국군이 대만의 영토 금문도에 대대적인 포격을 가한 사건으로, 그해 10월에 사태는 종료되었다. 금문도는 대만의 서쪽에 있으며 대륙에 접한 큰 섬으로 금문현金門縣에 속한다.

지장보살

임망요의 몸으로 환생한 주수화와 임망요의 남편

데, 어민들이 재물을 약탈하고는 배를 다시 바다로 밀어 넣는
바람에 주수화는 그만 목숨을 잃게 되었다.

죽은 주수화의 영혼은 떠돌다가 대서향臺西鄕 오조항五條港
에 있는 도교사원인 안서부安西府에 이르렀다. 안서부에 머무
르길 1년의 시간이 흐른 어느 날, 지장보살地藏菩薩이 강림하
여 주수화의 수명이 다하지 않았으므로 다시 인간세계로 돌
아가도록 해주었다.

그 당시 맥료향 맥진촌麥津村의 건재상인 오추득의 부인 임
망요가 그 수명이 다하여 곧 세상을 떠나게 되자, 그녀의 육신
을 빌려 영혼이 다시 돌아오게 된 것이다.

아래에는 1961년경 이 차시환혼 사건을 취재한 이옥환 기자의 보도 「주수화차시환혼기朱秀華借屍還魂記」의 내용을 요약하여 싣는다. 이 기사는 『금일불교今日佛敎』 잡지 제54기에 실려 있다.

II

금년(1961년) 2월에 성운星雲 법사가 요청에 응해 호미진(虎尾鎭: 운림현에 있는 고을)에서 경전을 강의할 때다. 그때 함께 온 사람으로 또한 자운煮雲 법사도 있었다.

우리 몇몇 사람들은 낮에 별 할일이 없는 관계로 두 분의 법사스님을 모시고 호미 부근의 향촌으로 놀러가기로 하였다. 이때 지도智道 비구니스님도 일이 있어 맥료麥寮에 있었던 관계로, 우리는 다함께 맥료로 가게 되었다.

맥료는 바다를 접한 고을로 교통이 불편하였다. 또한 마땅히 둘러볼 곳도 없어 우리는 다만 자운사紫雲寺만 참배하기로 하였다. 자운사를 들러보던 중 우리가 지금 이야기하고자 하는 기괴한 이야기를 꺼낸 허비우許庇右 선생을 만나게 되었다.

이 이야기는 곧 '차시환혼'의 이야기로, 사건은 이미 발생한 지가 오래된 것이었다. 다만 이야기의 주인공이 이 일이 알려지는 것을 꺼려하여 그 사실을 아는 사람은 맥료향 부근의 주민들에 한해 있었다.

심지어는 외지의 사람이 비록 이 이야기를 전해 들어도 다만 신기하고 기괴한 이야기 정도로만 여기거나, 혹은 불가능한 일이라고 여겼기에 줄곧 어떤 사람의 주의도 끌지 않았다.

그러나 '차시환혼'이라는 말을 듣자 우리 일행은 곧 흥취를 느끼게 되었다. 그리하여 우리는 점심을 먹고 난 후 바로 이 이야기 속의 주인공을 방문하기로 결정하였다.

중산로中山路는 운림현 맥료향 맥진촌의 비교적 잘 정돈된 한 거리였는데, 이 이야기 속의 신기한 인물은 바로 이 거리의 95호에 거주하고 있었다. 이 집은 '득창得昌'이라는 상호가 걸린 한 건재상이었는데, 이야기의 주인공은 이 집의 주인 오추득 선생의 부인 임망요 여사였다.

우리 일행이 이 집에 도착했을 때 부인은 밭으로 일하러 나갔고, 주인인 오추득 선생은 바쁘게 일을 보고 있었다. 오추득 선생은 우리가 찾아온 것을 보고서 먼저 난색을 표하다가, 재삼 우리들의 설명을 들은 후 어찌할 수 없다는 표정을 띠고 그간의 경과에 대해 말해주었다.

"그것은 민국民國 48년(1959)의 일입니다. 우리 집은 건재상을 운영하고 있었으므로 대서향 해풍도海豊島의 건축공사에 참가하게 되었습니다.

 그때 나는 드물게 집으로 돌아왔는데, 한번은 집에 돌아오니 집사람이 병이 나 있었습니다. 그녀의 병은 갈수록 위중해지더니 내가 해풍도의 공사를 모두 끝내고 집으로 돌아왔을 때는 집사람의 병이 수습할 수 없는 지경에 이르렀습니다. 그녀의 병은 무슨 치명적인 것은 아니었고, 다만 정신이 비정상이었습니다. 그리하여 소란이 심할 지경까지 이르러서는 정신병원에 보내고자 하였는데, 그렇지만 그녀는 줄곧 원하지 않았습니다.

 그래서 우리 몇 사람은 힘을 모아 그녀를 붙잡았지만 방법이 없었고, 도리어 그녀는 큰소리로 외쳤습니다. '나를 붙잡아 정신병원에 보내려고 하지 마세요. 나는 정신병이 없습니다. 나는 금문도 사람으로 주수화라고 합니다. 나는 차시환혼한 것입니다……'

 제 아내는 본래 임망요라고 부릅니다. 그러나 그녀는 자기가 무슨 주수화라고 하면서 말하는 발음마저도 이미 완전히 변해 있었습니다. 나는 내 아내의 신체가 이미 또 다른 영혼에 의해 점거되었다는 사실을 줄곧 믿지 않았습니다."

 책상 위에 놓여 있는 부부 사진을 바라보던 오 선생은 깊은 한숨을 내어 쉬며 이야기를 이었다.

"나는 정말 세상에서 이런 일이 발생하리라고는 생각지도 못하였습니다. 더군다나 우리 집안에서 발생하리라고는 더욱 생각지도 못했습니다."

그때 허비우 선생은 임망요 여사를 데리러 밖으로 나갔다. 그리고 오 선생이 차를 우려내는 사이에 그의 생질이 이야기를 계속해 주었다.

"외숙모의 혼이 이미 다른 사람으로 바뀌었다는 사실을 알았을 때, 우리는 별다른 도리가 없이 다만 외숙모로 하여금 병을 잘 치료하도록 권하는 수밖에 없었습니다.

당시 외숙모는 어떤 일이든지 모두 익숙지 않아 보였습니다. 예를 들어 외숙부가 '망요!' 하고 부르면 외숙모는 말하였습니다. '나는 수화라고 부르지, 망요라고 부르지 않아요.'

외숙모의 언니와 어머니가 찾아와서 그녀를 볼 때에도 외숙모는 말했습니다. '나는 당신들을 알아보지 못하겠어요. 당신들은 누구세요?' 당연히 외숙모는 우리의 이웃 사람들도 전혀 알아보지 못했답니다.

외숙모의 병이 좋아지고 난 후에는 이전의 외숙모와 완전히 딴사람이 되었답니다. 이전의 외숙모는 단지 밥만 할 줄 알았지 그 외의 일들은 전혀 몰랐거든요. 그러나 지금은 밭일도 할 줄 알고 상회 일을 거들기도 해요.

여기에 그치지 않고 평상시의 좋아하는 것이라든가, 길을 가는 동작 또한 이전과 같지 않아요. 당연히 가장 큰 변화는 외숙모가 말하는 발음입니다. 외숙모가 지금 말하는 것은 완전히 금문의 발음입니다."

오 선생의 생질은 또한 책상 위에 봉안하고 있는 관세음보살 화상과 지장보살 소상을 가리키며 계속하여 우리들에게 말했다.

"외숙부는 본래 조상만 모셨습니다. 이들은 모두 외숙모(주 수화를 가리킴)가 온 이후 새롭게 모시게 된 것입니다.

이전의 외숙모는 고기를 먹었습니다. 그러나 사람이 바뀐 이후에는 고기를 먹지 않습니다. 지난 2년 이래 외숙모는 집안사람들과 떨어져서 식사를 합니다."

이 때 임망요 여사를 데리러 나갔던 허 선생이 돌아와서는, "그녀가 오려고 하지 않습니다. 지금 밖에서 울고 있습니다." 라고 전하였다.

이에 여러 사람이 밖으로 나가 임망요를 잘 달랜 이후에야 겨우 집안으로 데려올 수 있었다. 그러나 우리들의 내방이 금문도의 집을 생각하게 하였기에 그녀는 슬픔을 견디지 못하고 몇 마디 잇지도 못하며 울음을 터뜨렸다.

그날 그녀는 근근이 우리들에게 이야기를 들려주었다. 그녀의 이름은 주수화로 금문도의 번화가인 '신가新街'에 살고 있었으며 부친은 주청朱淸, 모친은 채예蔡蕊라고 하였다.

그녀가 18세 되던 해에 금문포격전이 일어났는데, 이로 인해 주수화는 부모와 헤어진 후 다른 사람들을 따라 한 척의 어선에 올라타 피난길에 올랐다. 후에 배가 해상에서 표류함이 오래되어 모두들 먹을 양식이 없어 굶어죽고, 최후에는 주수화마저 혼절하였다.

얼마의 시간이 흘렀는지 모른 뒤에 배는 표류하여 본성本省 대서향의 해풍도에 도달하였다. 주수화는 어부들에게 구조되었지만, 그 어부들은 재물을 약탈한 후 다시 배를 바다 속으로 밀어 넣어 주수화로 하여금 표류하게 만들었다.

이야기가 여기까지 이르렀을 때에 그녀는 얼굴을 가리고 집안으로 달려 들어갔다. 우리들은 비록 많은 것을 듣길 원했지만 그녀가 이처럼 슬퍼하는 것을 보고 다시 물을 수가 없었다.

시간도 또한 벌써 많이 흐른 데다 우리들은 다시 호미로 돌아와야 했으므로 자리에서 일어나서는 주인에게 작별을 고하였다. 헤어질 때에 나는 다음에 맥료로 올 기회가 있다면 그녀를 위해 염주를 하나 가져오겠다고 약속하였다.

금년 7월에 웅거熊炬 거사가 호미로 와서는 불자들에게 찬불가를 가르쳤다. 이야기를 나누던 차에 자운 법사가 다시 차시환혼의 일을 꺼내었다.

웅 거사는 이 일에 대하여 무척 흥취를 느꼈다. 게다가 내가 일찍이 주 여사에게 염주 하나를 전해주겠다고 약속한 것도 있고 하여 우리들은 맥료로 가기로 하였다. 웅 거사는 일찍이 금문도에서 일정 기간 머문 적이 있었으므로 금문도의 모습이나 풍속 등 일체 사정들을 무척 상세히 알고 있었다.

이번의 방문에서는 주수화가 평정심을 많이 지니고 있었다. 우리들을 보았을 때에는 웃으면서 머리를 끄떡이기까지 하였다. 나는 먼저 염주를 건네준 다음, 우선 불교 이야기를 나누게 되었다.

주수화가 말했다.

"나는 어릴 적부터 불법을 믿었습니다. 또한 줄곧 채식을 해왔습니다. 지금도 하고 있는 일들이 아무리 바쁠지라도 조석으로 예불하는 일을 거르지 않습니다."

내가 물었다.

"금문도에도 절이 있었습니까?"

주수화는 잠시 생각에 잠기더니 대답하였다.

"그 일은 모르겠습니다. 그렇지만 우리 집안에서는 관음보살을 모시고 있었고, 나는 집안에서 예배를 드렸습니다. 우리 집안사람들은 모두 불법을 믿고 예불을 올렸습니다."

나는 물었다.

"맥료는 금문도에 비해 어떤가요?"

"맥료가 어찌 금문도에 비할 수 있겠습니까? 금문도의 집들은 모두 붉은 벽돌로 지어졌지요. 집들이랑 거리는 상당히 가지런하였습니다.

우리들이 살았던 그 거리는 모두가 장사를 하는 사람들이 머무는 곳으로 지극히 번화했지요. 맥료의 집들은 금문도의 그것에 비해 실로 어지럽기 그지없습니다."

금문도에서 제작된 도자기 관음상

금문도에 오래 머문 적이 있는 웅 거사는 그녀의 말에 동의하였다. 우리들은 이어 금문도의 풍속과 정황에 대해 많이 물었는데, 그녀의 이야기는 웅 거사가 말하는 것과 완전히 부합하였다.

처음 맥료에 왔을 때 들었던 바로는, 오추득 선생은 이전의 부인 임망요와 사이가 그렇게 좋지 않았다고 했다. 그런데 주수화로 바뀌진 이후에는 그들의 관계가 상당히 좋아졌으며, 나아가 주수화는 임망요가 낳은 아이를 친자식처럼 돌본다고 하였다.

나는 물었다.

"당신은 맥료에 이미 2년을 머물렀는데 지금은 익숙해졌나요?"

그녀는 탄식하며 말하였다.

"아! 생각해 보세요. 나는 지금 (몸을 가리키며) 이 집을 빌려 쓰고 있지만, 이것은 옛집입니다. 내가 머물기에는 실로 무척 부자연스럽습니다."

그녀의 음성은 처량하였다.

"내가 이미 말했지요. 우리들은 모두가 불법을 믿고 있습니다. 오씨 집안에 오기 전의 나는 처녀였습니다. 나는 지금의 생활이 무척 지겹습니다.

나는 일찍이 오 선생에게 당부하여 절에 머물도록 해달라고 부탁하였습니다. 그렇지만 그는 동의하지 않았습니다. 내 마음은 실로 받아들이기 어렵지만 이 집안 사람들은 나에 대하여 잘해줍니다. 그러므로 나는 다만 다른 사람의 집안 짐을 대신 지고 있을 따름입니다. 그러나 앞으로 그가 동의해주면 나는 여전히 절에 가서 살고 싶습니다. 왜냐하면 그렇게 하는

임망요의 육신을 빌어 환생한 주수화의 만년

것이 비교적 청정한 생활일 테니까요."

내가 말했다.

"듣기로, 당신은 당신의 아이와 어머님에게 무척 잘해준다고 합니다. 모두들 당신을 칭찬하고 있어요."

"어딜요. 그들이 나에게 잘해주고 있습니다. 나는 이미 다른 사람의 집에 살고 있습니다. 나는 이 가정이 화락할 수 있기를 원하고 있습니다."

그녀의 아이 일에 대하여 말하는 곳에 이르자 그녀의 볼은 붉어졌다. 당연지사이지만, 만약 주수화의 현재 나이에 의하여 계산한다면 그녀는 여전히 젊은 사람인데, 졸지에 나이가 비슷한 젊은 사람이 어머니라고 부르기에 이른 것이다. 그녀는 분명히 익숙지 않게 느끼고 있었을 것이다.

부지불식간에 우리들은 이미 한 시간 넘게 이야기를 나누고 있었다. 나는 우리들이 갈 때가 되었다고 생각했다. 그래서 나는 일어나서 그녀의 손을 잡고 위로하였다.

"이미 모두들 당신에게 잘 대해주고 있으니 당신도 마땅히 마음을 내려놓아야 할 것입니다. 불법에서 말하기를, 일체는 인연이 이루는 것이라 했습니다. 아마도 당신은 오씨 집안과 인연이 있었기에 금문도로부터 이곳에 와서 그들과 함께 지내게 된 것일 겁니다."

그녀는 머리를 끄떡였다. 나는 다시 말하였다.

"당신은 매일 성심으로 염불하고 있습니다. 어느 곳에 있든지 관계없이 모두 마찬가지이니, 꼭 절에 살아야 하는 것은 아닙니다. 불보살께서는 마찬가지로 당신을 보우하여 주실 것입니다. 게다가 불교도의 정신은 먼저 남을 이롭게 한 후 자신을 이롭게 하는 것입니다. 당신은 이들 일가 사람들이 잘 지낼 수 있도록 도왔으니, 이 또한 무척 공덕 있는 일일 것입니다!"

그녀는 감격에 겨워 나의 손을 꼬옥 잡았다. 그리고는 줄곧 나를 향해 고마움을 표하였다.

다른 사람의 몸을 빌려 환생하다

중생은 계속하여 생사의 업을 지어 언제나 육도 중에 왕
래함이 다함이 없다.

-『대지도론』

I

윤회란 시간적으로 금생의 몸이 죽어 다음 생의 몸을 받아야
만 성립하는 것은 아니다. 윤회에는 또한 공간만 바꾸어 죽
은 이가 남의 몸을 빌려 다시 태어나는 경우도 해당되니, 이를
'차시환혼'이라 한다.

여기서 살펴볼 차시환혼의 내용은 이안 스티븐슨 교수의
『윤회를 제안하는 스무 가지 사례(*Twenty Cases Suggestive of
Reincarnation*)』에 담겨 있는 것이다.

스티븐슨 교수는 이 사례조사를 위해 1961년과 1964년, 그

리고 1971년에 걸쳐 현장을 방문하여 양쪽 집안 사람들을 자세히 인터뷰하였다.

『윤회를 제안하는 스무 가지 사례』는 국내에서 『전생을 기억하는 아이들』이라는 제목으로 출판된 적이 있고, 성철 스님의 법문집 『영원한 자유』의 부록으로 실려 있기도 하다.

II

1954년 봄에 인도 웃따르 쁘라데쉬 주 무자파르나가르 지방의 라술뿌르라는 마을에서 일어난 일이다. 슈리 기르다리 랄 자뜨의 세 살 반 된 아들 자스비르(Jasbir)는 천연두로 인해 죽었다고 생각되었다.

자스비르의 아버지는 아들을 묻고자 하였다. 그런데 아이가 죽은 시간이 너무 늦은 밤이라 마을사람들은 아침이 되어 장례를 치르자고 제안하였다. 그러기를 몇 시간이 지나 자뜨는 그의 죽은 아들의 몸에서 무언가 꿈틀거리는 것을 알아챘는데, 그러다가 자스비르는 점차적으로 완전히 살아났다.

며칠이 지나 아이가 말하기 시작했는데, 아이는 행동의 현저한 변신을 보였다. 아이는 자신이 베헤디 마을에 사는 샹까르의 아들이라고 말하면서 그 마을로 가기를 원하였다. 아이는 자신이 더 높은 계급인 바라문이라 자뜨 집안의 음식은 먹지 않겠다고 말했다. 이렇게 음식 먹는 것을 완강히 거절하자, 자뜨의 이웃인 친절한 바라문 여성이 자스비르를 위해 바라문의 방식으로 음식을 조리해주었다. 이 일은 일 년 반을 지속되었고, 자스비르의 아버지는 그녀가 만드는 음식의 재료들을 공급하였다.

이후 자스비르는 베헤디 마을에서의 자신의 삶과 죽음에 대해 상세히 말하기 시작했다. 아이는 특히 어느 결혼식에서 돌아오는 도중 독약이 든 음식을 먹고는 타고 있던 마차에서 떨어져 머리에 부상을 입고 그로 인해 죽었다는 사실을 상세히 묘사했다. 아울러 그 독약은 자기에게서 돈을 빌린 사람이 넣은 것이라고 말했다.

자스비르를 위한 바라문 방식의 특별한 요리 준비 사실은 자연히 마을에 사는 다른 바라문들에게 알려졌고, 결국에는 그들 중 한 명인 슈리마띠 샤모(여성)의 주의를 끌기에 이르렀다.

슈리마띠 샤모는 베헤디 마을의 슈리 라비 두뜨 수끌라에게 시집가서 그곳에 살았는데, 그녀는 드문 경우로 몇 년 만에 라술뿌르의 친정으로 왔다.

1957년의 이 방문에서 자스비르는 그녀를 그의 '아주머니'로 알아보았다. 그녀는 베헤디에 있는 그녀 남편의 집안과 챠기 집안에서 일어났던 사건에 대해 말해 주었다.

자스비르가 말하는 그의 죽음과 다른 상황들에 관한 상세한 내용은 베헤디 마을에 살았던 슈리 샹까르 랄 챠기의 22살 된 아들 소바 람(Sobha Ram)의 삶과 죽음의 과정과 일치하였다.

소바 람은 마차 사고로 1954년 5월에 죽었다. 그렇지만 챠기 집안은 자스비르의 진술 이전에는 소바 람에 관련된 독살이나 빚 문제에 대해서는 아무것도 알지 못했다.

후에 베헤디 마을에 사는 소바 람의 아버지와 가족원들은 라술뿌르로 자스비르를 방문하였다. 그때 자스비르는 그들을 알아보았다.

몇 주 후에 베헤디 마을 사람이 자스비르를 데리고 베헤디 마을을 찾았다. 마을 사람은 자스비르를 철도역 부근에 내려놓고 그로 하여금 챠기 집안으로 찾아가게끔 하였다. 자스비르는 이 일을 별 어려움 없이 해내었다.

자스비르는 며칠을 베헤디 마을에서 머물렀다. 그리고는 챠기 가문에 관한 일을 상세히 말하였다. 그는 자신이 베헤디 마을에 머무는 것을 굉장히 좋아하였다. 그리고는 어찌할 수 없이 싫은 마음으로 라술뿌르로 되돌아왔다.

훗날 자스비르는 자주 베헤디 마을을 방문하였고 몇 주 혹

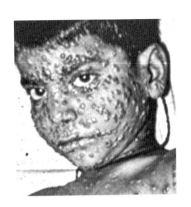

천연두로 죽었다가 소바
람의 영혼이 옮겨와 다시
살아난 자스비르

은 그 이상씩을 머물렀다. 그는 여전히 베헤디 마을에 살기를
원하였고 라술뿌르에서는 소외감과 고독감을 느꼈다.

1961년 여름에 나는 라술뿌르 마을과 베헤디 마을 양쪽을
방문하여 열세 명의 증인과 인터뷰하였다. 1964년에 나는 다
시 돌아와서 새 통역사와 함께 이전 사람과 몇 명의 새로운
사람을 인터뷰하면서 이 사안을 재조사하였다.

인구 천오백 명의 라술뿌르는 웃따르 쁘라데쉬 주 무자파
르나가르 중심지에서 12마일 남서쪽에 위치한 작은 마을이
다. 그리고 인구 2천 명의 베헤디는 무자파르나가르 중심지 8
마일 북쪽에 위치한 다른 작은 마을이다. 20마일 떨어진 두
마을은 큰 도로가 그 사이에 위치하며 오직 흙길로만 왕래가
가능하다.

슈리 기르다리 랄 자뜨는 말했다. 그의 아들이 죽었다 살아
난 후 다시 말하기 시작했을 때, 그들은 그의 단어에서의 변화
를 알아보았다.

예를 들어 집에 해당하는 말로 자스비르는 "하벨리"라 말하
지 "힐리"라 말하지 않았으며, 옷에 해당하는 말로 "까쁘라"
라 말하지 "라따"라 말하지 않았다. 바라문 같은 높은 계층에
서는 전자의 말을 쓰고, 낮은 계층에서는 후자의 말을 사용하
였다.

자스비르는 베헤디 마을에 있는 챠기 가문에 강한 애착을
느꼈다. 그는 자신을 아내와 자식을 가진 성인으로 생각하는
것처럼 보였다.

자스비르는 특히 소바 람의 아들 발레슈와르에게 강한 애
착을 보였다. 자스비르가 베헤디 마을을 방문하였을 때, 그는
마치 아버지와 아들인 양 발레슈와르와 한 침대에서 같이 잤
다. 어떤 사람이 자스비르에게 선물을 주면 그는 그것을 발레
슈와르에게 건네주었다.

1961년의 방문에서 나는 자스비르가 다른 아이들과 놀지
않으며 그들과 동떨어져 지내고 있다는 사실을 쉽게 알아차
렸다. 그의 조용하고 마맛자국이 있으며 잘생긴 얼굴은 언제
나 슬픈 표정을 띠고 있었다.

슈리 기르다리 랄 자뜨는 자스비르가 인격전환 이전에는
장난감을 갖고 놀길 좋아했지만, 지금은 그러한 것들에 흥미
를 잃게 되었다고 말해주었다.

독자들은 내가 그러했듯 소바 람의 죽음과 자스비르로의
환생 사이에 무슨 일이 있었는지 알기를 원할 것이다. 이 물음
에 대하여 자스비르는 죽음 이후에 한 성자를 만났으며, 그 성
자가 슈리 기르다리 랄 자뜨의 아들 자스비르의 몸으로 다시
살아나도록 일러 주었다고 답했다.

1964년과 1971년 사이에 나는 자스비르를 만나지 않았다.
1971년에 자스비르와 그의 가족들은 무자파르나가르 3마일
동쪽의 카발 마을에 살고 있었다. 카발에서 나는 자스비르와
긴 대화를 나누었다.

1950년에 태어난 자스비르는 1969년에 학업을 그만두고
부친의 농사일을 돕고 있었다. 1971년에도 자스비르는 여전
히 베헤디 마을을 방문하고 있었다.

챠기 집안은 자스비르를 가문의 일원으로 여겼다. 그들은
소바 람의 아들 발레슈와르의 결혼에 대하여 자스비르와 상
의했고, 그는 결혼식에도 참석하였다.

자스비르는 여전히 그가 결혼식에서 돌아오던 도중 마차에

서 떨어져 죽었다는 사실을 명확히 기억하고 있었다. 소바 람에게 빚을 진 그 사람은 훗날 자스비르에게 600루피를 갚았는데, 그 금액은 빚에 상당하는 것이었다.

자스비르는 여전히 바라문의 관습과 태도를 유지하고 있었다. 그는 목에 성스러운 실을 두르고 있었는데, 그것은 높은 카스트의 힌두인들이 지니는 관습이었다.

자스비르는 소바 람의 죽음 이후에 만났던 그 성자를 아직도 종종 꿈속에서 본다고 말하였다. 또한 그의 생에 있어서 미래의 일을 정확히 예언해주기도 한다고 말했다.

1971년에 자스비르의 경제적 환경은 어려웠다. 그의 집안은 챠기 가문에 비해 덜 부유했다. 그는 한 생애에서 다른 생애로 넘어오면서 자신이 사회 경제적 환경에 있어서 어떤 지위강등을 겪고 있는 것으로 받아들이고 있었다. 힌두인들은 이러한 변화가 전생에서의 죄업으로부터 유래한다고 믿고 있다.

자스비르는 전생의 소바 람이 지은 행위에 의한 지위강등에 대해서 어떤 거부감도 품지 않았다. 그는 그것을 신의 뜻으로 여겼다. 비록 농부로서의 삶이 힘든 노동과 어려운 환경을 내포하고 있었지만, 자스비르는 밝음으로 미래를 맞이하고 있었다.

명부에서 몸을 바꾸어 돌아오다

비롯함과 마침은 한 세상에 그치는 것이 아니라
어리석음과 애욕을 따름이 오래된 것이노라.
이로부터 괴로움과 즐거움을 받나니
몸은 죽어도 정신은 멸하지 않는다.

  -『법구경』

I

차시환혼借屍還魂이란 용어는 중국 고대의 병법兵法 36계計 가운데의 14번째 계책에 해당하는 말이다. 고대의 병법에서도 사용되는 것을 보면 이 차시환혼은 이미 고대에도 많이 발생하고 있었음을 알게 한다.

  윤회를 증명하는 방법으로 전생 기억은 그 사례가 풍부하지만, 이 차시환혼은 예가 드문 것 같다. 윤회를 이해하는 데

북송 때 유부가 지은
『청쇄고의』

있어 도움이 되는 내용이라 여겨져 아래에 중국 고대의 몇 가
지 사례를 더 소개한다.

　다음의 이야기는 송나라의 기록 『청쇄고의靑瑣高議』에 실려
있다. 『청쇄고의』는 북송 시기의 유부劉斧가 지은 것으로 사
료적 가치가 높은 책이다.

II

조주趙州 찬황현贊皇縣에 살고 있는 장란張鑾의 딸이 송나라
치평治平 4년(1067) 2월 7일에 죽었다. 죽은 지 3일이 지나 다
시 살아났는데, 발음이 완전히 변해 있었고 자신은 하동 사람
이라고 하며 말하였다.

　"나는 낙평현樂平縣 왕련王璉의 조카딸입니다. 열일곱의 나

이에 염씨閻氏에게로 시집갔습니다. 그러나 남편의 성품이 포악하여 스스로 목을 매어 죽었습니다.

그런데 두 명의 귀신이 죽은 나를 이끌더니 어떤 큰 성에 이르렀는데, 그곳에는 왕당전王當殿이 있었고, 그들이 말하기를 '진광왕秦廣王'이라 하였습니다.

진광왕 - 대만 화가 강일자江逸子 그림

지옥의 모습 - 강일자 그림(지옥변상도 중)

　　진광왕은 내가 죽은 까닭을 묻더니 좌우에 명하여 큰 거울을 가져오라 하였습니다. 그 거울은 수레바퀴처럼 컸는데, 나로 하여금 비추어 보게 하고 이어 한 관리에게 명하였습니다.

　　'이 부인은 일찍이 허벅지의 살을 도려내어 어머니의 병을 구한 적이 있고, 또한 팔뚝에 향을 살라 시어머니의 병이 낫도록 기원한 적이 있다. 이 두 가지 일은 가히 12년의 목숨을 연장하게 할 만한 것이니, 마땅히 속히 돌아가도록 만들어라.'

관리는 나를 돌려보내 집에 이르렀습니다. 그렇지만 나의 목이 이미 못쓰게 되어 있었으므로 나는 다시 진광왕에게 고하였습니다. 진광왕은 이에 남의 시신을 빌릴 것을 명하였고, 그리하여 여기까지 이른 것입니다."

살아난 딸은 또한 명부와 지옥의 모습을 말하였는데, 인간 세상에서 그림으로 그린 것과 다르지 않았다. 선업을 짓고 악업을 행함에 그 과보가 마치 메아리의 울림과 같으니, 가히 두려워할 일이다.

사목단의 환생

다섯 갈래의 중생계에 전전展轉함이 수레바퀴 같으니
목숨을 금은보화 아끼듯 하지 말라.
하늘과 땅도 오히려 무너지나니 이 몸이랴.
경전과 계율 받들어 지님이 큰 보배로다.

　- 『죄복보응경』

명나라 태조 홍무洪武 24년(1391) 8월 하남부 용문龍門의 부
인 사목단司牧丹은 남편의 발길질에 의해 죽었다. 그로부터 3
년 후에 같은 고을의 원마두袁馬頭가 죽었다가 다시 살아나더
니 말하였다.

　"나는 사목단이다."

　그 집안사람들을 불러 조사하여 보니 모두 사실이었다. 사

박희태후의 사
당인 박희묘

목단은 말하였다.

"죽은 후에 혼백이 박희묘[7]에 이르러 그녀의 시녀가 되었습니다. 그러다가 원마두가 죽자 차시환혼한 것입니다."

사목단이 말하는 것은 무척 소상하였다. 그때 의문태자(懿文太子: 명 태조의 장남 주표朱標)가 섬서 땅에 갔다가 돌아오는 길이었는데, 하남부의 관리들이 이 일을 아뢰었다.

태자는 궁으로 돌아와 천자에게 이 이야기를 고하였다. 천자는 관리를 보내 사목단을 궁으로 불러 친히 물어보니 그 내용이 확실하였다.

이에 돈과 비단을 하사하여 양쪽 집안이 잘 살아갈 수 있도

---

7   박희태후薄姬太后는 한나라 문제文帝의 생모이며, 박희묘薄姬廟는 그녀의
    사당이다.

록 해주었다.[8]

8 이 이야기는 명나라 축윤명(祝允明, 1460~1526)이 지은 『야기野記』 권4
에 실려 있다. 축윤명은 명나라의 저명한 저술가이자 서예가이다.

남녀 몸이 뒤바뀌어 살아나다

윤회의 도리에 의하여
짓고 있는 행업의 과보를 관찰하면
부처님은 악도惡道의 원인이
탐진치가 그 근본이라 설하신다.

－『육도가타경』

청나라 건륭제乾隆帝 병진년(1736)과 정사년(1737) 간에 발생한 일이다. 호부원외랑 장태長泰 집안에 한 노비의 처가 있었는데, 나이 20여 세에 중풍에 걸려 죽었다.

　죽은 다음날 바야흐로 염을 하는데, 손과 발이 홀연히 움직이더니 갑자기 일어나 앉으면서 물었다.

　"이곳은 어디입니까?"

　이어 방안을 둘러보고는 무언가 느낀 것이 있는 것처럼 묵묵히 말이 없었다. 그러나 그 말투와 걸음을 살펴보면 모두가 남자처럼 보였다. 아울러 머리를 빗고 얼굴을 씻는 것도 할 줄 몰랐으며, 남편을 바라보고는 알아보지 못하였다.

주위의 사람들이 무언가 이상한 점이 있다는 것을 느끼고 자세히 물어보니 그녀가 비로소 말하였다.

"나는 본래 남자입니다. 며칠 전에 죽어 혼령이 명부冥府에 이르렀는데, 일을 주관하는 사람이 나의 수명이 다하지 않았다고 계산하였습니다. 그러나 마땅히 여자의 몸으로 다시 태어나야 한다고 말하면서 이 부인의 시신을 빌려 다시 살아나도록 명하였습니다.

나는 느끼기로 잠이 든 것 같았는데 잠시 후 다시 홀연히 꿈에서 깨어나는 것 같았습니다. 그리고는 곧 이 침대 위에 누워 있는 것이었습니다."

사람들이 그의 성명과 고향을 물었지만 그는 완강하게 거부하면서 오직 다음과 같이 말할 뿐이었다.

"사정이 이미 이곳에 이르러 다시 전세前世의 욕됨을 이야기한들 무슨 소용이 있겠습니까?"

그러면서 끝내 이야기하지 않았다.

처음에 그녀는 남편과 잠자리를 함께하려 하지 않았다. 훗날이 되어 더 이상 거절할 수가 없었으므로 복종하기에 이르

『열미초당필기閱微草堂筆記』와
저자 기윤紀昀

렀다. 그렇지만 매번의 동침 후에는 곧 흐느껴 울기를 새벽까
지 하였다.

그녀는 자신에게 말하였다.

"독서를 한 지 20년, 관리생활을 한 지 30여 년이건만 이렇
게 노비의 치욕을 당해야 하나?"

한번은 남편이 그의 처가 이렇게 혼잣말하는 것을 들었다.

"금전을 모은 것은 아이들에게 즐거움을 주고자 함이었는
데, 그렇게 많이 모은들 모두 무슨 소용인가?"

남편이 불러서 물어보니 처는 말하지 않았다. 이에 그 일들
을 무척이나 꺼려한다는 것을 알고 내버려두었다.

3년여가 지나 우울함이 병이 되어 죽었다. 아직까지 그녀의
전생이 누구였는지를 어느 누구도 알지 못한다.[9]

인과편

장불자전

그대, 전생의 인연을 알고자 하는가?
금생에 받는 것이 그것이로다.
그대, 다음 생의 과보를 알고자 하는가?
금생에 짓는 것이 그것이로다.

- 『용서정토문龍舒淨土文』

모든 악은 짓지 말고
뭇 선은 받들어 행하여라.
가까운 보답은 자신에게 있고
먼 보답은 후손에게 있으리라.

- 『문창제군음즐문文昌帝君陰騭文』

I

장불자張佛子의 이름은 경경慶으로 개봉(開封: 송나라의 수도) 사람이다. 순화淳化 원년(990)에 태어나 세 살 되던 해에 부모가 모두 세상을 떠났다.

돌아가신 아버지에게는 형제가 없었기에 조씨趙氏 성의 외갓집에 보내져서 길러지게 되었다. 자라면서 성씨도 조씨를 사용하게 되었고, 자신의 집안 내력을 알지 못하게 되었다.

외갓집 조씨의 이웃에 곽영郭榮이라는 사람이 있었다. 이 사람의 집안은 대대로 옥리의 일을 보아왔는데, 외갓집에서는 장불자로 하여금 곽영의 집에서 옥리 일을 돕도록 하였다.

곽영이 나이가 들어 옥리의 일을 그만두자 장불자는 곽영의 자리를 물려받게 되었으니, 상부祥符 3년(1010) 경의 나이 21세 되던 해였다.

경경慶이 옥리의 일을 봄에는 언제나 긍휼의 마음과 신중한 자세로 임하였다. 감옥은 언제나 정결하게 청소하였고, 죄수들에게 씌우는 형구는 반드시 직접 씻었다.

무더운 여름이 되면 아랫사람들에게 매양 이렇게 훈계하였다.

"사람이 법망法網에 떨어져 형벌을 받게 되는 것이 어찌 부득이한 일이 아닐 수 있겠느냐? 우리들은 감옥을 관리하는 것으로 직책을 삼고 있으니, 만약 우리들이 긍휼히 여기는 마음을 알지 못하면 죄인들은 어디에 하소할 수 있겠느냐?"

경은 옥리 일을 보면서 죄수에게 주는 음식이나 탕약, 잠자리를 일생동안 정성껏 정결히 해주었다. 때로 주위의 사람이 놀려도 개의치 않았다.

경은 평소『법화경』읽기를 좋아하였다. 죄수 중에 형 집행을 당하는 사람이 있을 때마다 죽은 이를 위하여 재계를 지키며 한 달 동안씩 염불하여 주었다.

혹은 죄수 가운데에 무고한 이가 있으면 몰래 내보내주면서 이렇게 축원하였다.

"그대가 잘못이 없다면 나의 몸으로 대신 속죄하겠노라."

이러한 일로 죄에 연루되어 갇혔다가, 놓아준 죄수가 사면을 받으면 자신도 같이 사면을 받았다.

장불자의 아내 원씨袁氏는 평소에 항상 백의관음白衣觀音을 경건하게 섬겼는데, 스스로 생각하기를 반드시 감응이 있을 것이라 여겨왔다.

경우景祐 5년(1038) 개봉에 전염병이 돌아 원씨가 병이 들어 48세의 나이로 그만 죽고 말았다. 그때까지 이들 부부에게는 아직 아들이 없었고 다만 딸이 둘 있을 뿐이었다.

그런데 장불자의 처 원씨는 죽은 지 3일 만에 다시 살아나

백의관음

앉더니, 그간의 경위를 자세히 이야기하였다.

"내가 죽은 후 처음에 한 곳에 이르렀는데 온 갖 더러운 것이 모여 있 는 곳이었습니다. 다른 깨끗한 곳으로 갔으면 하고 원하던 차에, 홀연 히 하얀 옷을 입은 아름 다운 사람이 말을 걸어 왔습니다.

'너는 여기에 있어서 아니 된다. 어찌하여 이 곳에 왔느냐? 속히 돌아 가거라! 속히 돌아가거라! 너의 남편은 음덕이 매우 많으니 자손 가운데에 마땅히 흥하는 이가 있을 것이다. 너는 아직까 지 후사도 잇지 않고서 어찌하여 이곳에 왔느냐?'

말이 끝나기도 전에 하얀 옷을 입은 사람이 손으로 나의 다 리를 잡아 더러운 곳에서 당겨내었는데, 이때 나는 죽음에서 다시 살아났습니다."

부인이 죽었다가 다시 살아난 이후 그때서야 집안사람들이 장불자에게 일러 주었다.

"그대는 본시 조씨 성이 아니라 장씨 성이다."

이어 그 시말을 들려주었다. 이후 경은 성을 조씨에서 원래의 장씨로 다시 바꾸었다.

장불자의 처 원씨는 다시 살아난 이듬해에 아들을 낳았다. 이름을 형亨이라 지었는데, 형이 태어나고 3일이 지나 한 도사가 장불자의 집 문에서 구걸을 하기에, 장불자는 그 도사를 집안으로 맞아들였다. 자리에 앉자 도사가 말했다.

"진실로 음덕의 공력은 쉽게 헤아릴 수 있는 것이 아니외다. 그대가 선업을 쌓은 것이 하루아침 하루저녁의 일이 아닙니다. 비단 지금 아들을 얻은 것만이 아니라 후손 가운데에 이름을 남길 이가 연이어 나타날 것입니다. 그대는 잘 지키기를 바랍니다."

이후 아들 형은 자라나 중앙의 관직에 나아갔고, 장가를 든 다음 여섯의 아들을 연이어 낳았다. 장불자는 나이가 들어 82세가 되던 해에 병 없이 세상을 떠났다.

그 후 형의 아들, 즉 장불자의 둘째, 셋째, 넷째 손자는 원풍元豐 5년(1082)의 과거에 나란히 급제하였다. 나머지 다른 손자 셋도 관직에 나아갔으며, 첫째 손자 홍洪의 두 자식도 숭녕

崇寧 원년(1102)의 과거에 나란히 급제하였다.

II

위의 내용은 「장불자전張佛子傳」이라는 제목으로 기록되어 전해지는 중국 송대의 이야기이다. 이는 불교의 역사에서 나타난 하나의 아름다운 이야기로, 부처님의 가르침이 세상의 현실 속에서 입증됨을 보여주는 소중한 사례이다.

「장불자전」은 송대의 사대부 왕공진王拱辰과 우책虞策 두 사람이 장불자의 후손들과 같이 지내면서 직접 보고 들은 것을 기록한 것이다.

왕공진은 나이 19세에 과거에 장원으로 급제하고, 이후 관직이 이부상서에까지 올랐다. 우책은 항주 출신의 사대부로 역시 과거에 급제한 후 관직이 또한 상서에까지 이른 인물이다.

두간의록

언제나 중생을 사랑하여
모든 가난하고 병든 이를 애민이 여기면
자손이 번성하여
마치 달이 뭇 별들에 둘러싸인 것 같으리라.

– 『분별업보략경』

선업을 쌓는 집안에는
반드시 경사가 따르고
악업을 쌓는 집안에는
기필코 재앙이 따른다.

– 『주역』

I

이 이야기는「두간의록寶諫議錄」이라는 이름으로 기록되어 전해지는 것으로, 음덕을 지극히 쌓아 자신은 물론이요 후손들도 큰 복덕을 누린 내용을 담고 있다.

앞 사안의「장불자전」과 마찬가지로 자신의 운명을 바꾸어 나가는 과정을 기록하였다는 점에서 두 이야기는 그 내용이 유사하며, 또한 사안이 전개된 시기도 서로 가깝다.

앞의「장불자전」이 고위 관리 왕공진과 우책이 기록함으로써 그 역사적 진실성을 공고히 한 것이라면, 지금 살펴볼「두간의록」은 송대의 제일인물로 꼽히는 범중엄(范仲淹,

사대부의 모범적 인물로 꼽히는 북송 때의 정치가, 문학가, 교육가인 범중엄

989~1052)이 기록하여 신빙성을 인정받는 내용이다.

범중엄은 송대의 정치가로 인품과 덕행이 뛰어나 후대의 지극한 존숭을 받는 인물이다. 아래에는 범중엄의 문집인 『범문정별집范文正別集』 권4에 실린 「두간의록」을 앞뒤의 순서를 약간 고쳐 우리말로 옮긴다.

이를 통하여 우리는 나와 후손의 번영이 결코 우연이 아니라 모두가 자신의 복덕과 조상의 음덕에 기인한다는 인과의 도리를 실감할 수 있을 것이다.

Ⅱ

두우균竇禹鈞은 범양范陽[10] 사람으로 관직이 좌간의대부左諫議大夫에 이르렀기에 세상에서는 그를 '두간의'라고 불렀다.

우균은 본래 집안이 매우 풍족하였다. 그러나 나이 서른이 되도록 자식이 생기지 않았다. 어느 날 밤 꿈속에 돌아가신 할아버지와 아버지가 나란히 나타나서는 이렇게 말하였다.

"아무래도 너는 대를 이을 자식이 없겠다. 또한 수명마저 오래지 못하겠구나. 너는 지금부터 부지런히 선업을 닦도록 하여라."

10 지금의 북경北京 부근에 있던 옛 지명이다.

꿈속에서 우균은 그렇게 하겠다고 대답했다. 그 후 우균은 선업을 닦는 데에 온 정성을 쏟았다. 우균의 사람됨은 평소부터 마음이 바르고 행실이 맑은 군자였다.

이에 앞서 이런 일이 있었다. 집에서 일하던 종복從僕이 돈 수천 금을 훔쳐 쓰고는 그 일이 발각될 것을 우려하였다. 그 종복에게는 열두세 살 된 딸이 하나 있었는데, 그는 "저의 딸을 주인댁에 팔아 빚진 돈을 갚고자 합니다"라는 문서를 만들어 딸의 팔에 걸어놓고는 멀리 도망가 버렸다.

우균은 이 여자아이의 문서를 보고 매우 애민이 여겨 곧 서류를 불살라버리고 아이를 거두어 부인에게 맡기면서 이렇게 당부하였다.

"이 아이를 잘 길러 나이가 되면 좋은 배필을 구하여 시집 보내 줍시다."

훗날 여자아이가 장성하자, 우균과 부인은 좋은 배필을 구한 다음 다시 수천 금을 들여 시집보내 주었다.

뒷날 옛 종복이 이 이야기를 듣고서는 주인집으로 돌아와 눈물을 흘리며 지난 잘못을 사죄하였으나 우균은 더 이상 옛 일을 추궁하지 않았다.

이후 이들 부녀는 우균의 초상화를 그려 방에 걸어 놓고 낮과 저녁으로 공양 올리고, 새벽이면 우균이 오래 오래 살기를 축원하였다.

이런 일도 있었다. 공이 일찍이 정월 보름날 부처님 전에 기도드리러 연경사延慶寺에 들렀다가 법당 뒤의 계단 옆에서 금 서른 냥과 은 이백 냥을 주웠다.

날도 저물어 일단 그 금과 은을 들고 집에 돌아왔다가, 다음 날 이른 아침 다시 절에 들러 잃어버린 주인을 기다렸다. 잠시 있으니 한 사람이 울면서 다가왔다. 공이 그 까닭을 묻자 그 사람이 사실대로 이야기하였다.

"저의 아버님이 죄를 지어 죽임을 당하게 되었기에 제가 친척들에게 두루 간청하여 금과 은을 빌렸습니다. 그 돈으로 아버님의 형벌을 속죄하고자 하였는데, 어제 저녁에 아는 사람을 만나 술을 마시고는 취하여 그만 돈을 잃어버리고 말았습니다. 이제는 아버님의 죄를 속죄할 길이 없습니다."

공은 그 사실을 여러모로 확인한 후에 함께 집으로 돌아와서는 주운 돈을 돌려주며 측은의 마음을 담아 격려하여 주었다.

우균은 종중宗中 사람이나 인척들에게 재물을 베푼 것이 매우 많았다. 또한 가난한 이들이 상을 당하였으나 장례를 치르지 못하는 이들을 위하여 공이 돈을 내어 상례를 치러준 것이 무릇 스물일곱 집이었다.

어렵게 사는 친척이나 벗 중에 돈이 없어 혼례를 치르지 못

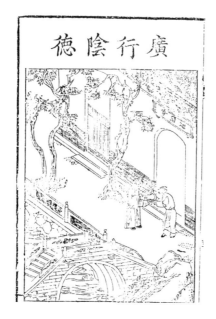

두우균의 음덕 실천을
묘사한 판화

하는 딸아이가 있으면 공이 돈을 내어 혼인시켜 준 것이 무릇
스물여덟 명이었다. 벗이나 아는 사람 가운데에 가난에 시달
리는 이가 있으면 그 자제 가운데에 믿을 만한 한 명을 골라
밑돈을 대어주어 장사를 시작하게 하였는데, 공으로 말미암
아 집안을 일으킨 것이 수십 가문이나 되었다. 나아가 사방의
어진 이들 가운데에 공의 도움을 받은 사람은 이루 헤아릴 수
없었다.

우균은 매년마다 그해의 수입을 헤아려 집안의 소용에 필
요한 것을 제외하고는 모두 다른 사람의 어려움을 돕는 데에

썼다. 자신의 집은 평소에 검소하게 살았으니, 그렇게 부유하면서도 금옥으로 꾸민 집기를 두지 않았고 집안사람들은 비단 옷을 입지 않았다.

집의 남쪽에 마흔 칸으로 된 하나의 서원書院을 열어 수천 권의 책을 마련하고 학문과 덕행을 갖춘 선비를 초빙하여 스승의 자리에 앉게 한 다음, 사방의 어려운 선비 중에 가난으로 말미암아 학업을 잇지 못하는 이들을 모아 공부하게 하였다.

이에 배웠건 배우지 않았건 학문에 뜻이 있는 이들은 이를 듣고 찾아들었다. 그러므로 공의 자식들은 보고 듣는 것이 더욱 넓어졌다.

무릇 사방의 선비 중에 공의 도움을 받아 입신한 이들이 무척 많았는데 이들이 찾아와 인사 올림이 끊임없었다. 인사 올릴 때에는 반드시 좌우의 사람들에게 명하여 공을 부축하게 한 다음 앉아서 절을 받도록 하였다.

훗날 공이 세상을 떠나자 은덕을 입음이 깊은 이들은 삼년의 심상(心喪: 마음으로 복상함)을 지키며 그 남긴 은덕에 보답하고자 하였다.

우균이 이처럼 지극한 음덕 쌓기를 시작한 지 십 년이 흐른 후에 할아버지와 아버지가 다시 꿈에 나타나 이렇게 알렸다.

"전에는 실로 너에게 자식의 분수가 없었고 목숨 또한 얼마되지 않았다. 그러나 이제는 네가 쌓은 음덕으로 말미암아 수명이 삼십육 년 늘어나고, 이름을 빛낼 자식 다섯이 생기게 되었구나. 너는 복덕과 천수를 누리다가 죽은 후에는 좋은 곳에 태어나리라. 선과 악의 과보는 혹은 현세에 드러나기도 하고, 혹은 다음 생에 받기도 한다. '하늘의 그물은 넓고 넓어 성긴 듯하지만 빠뜨림이 없다' 하니 이는 조금의 의심도 없는 도리이다."

그 후 공은 과연 아들 다섯을 연이어 얻었다. 다섯 아들 모두가 과거에 급제한 후 맏이 의儀는 예부상서, 둘째 엄儼은 예부시랑, 셋째 간侃은 좌보궐, 넷째 칭偁은 참지정사, 다섯째 희僖는 기거랑의 관직에 올랐다.

이들 다섯 아들에 여덟의 손자를 더하여 자손들 모두가 조정에 나아가 이름을 빛내니, 그 어질고 의로운 집안의 법도가 한 시대의 모범이 되었다.

공의 집안을 노래한 다음의 시가 지어져 세상 사람들이 많이 전해가며 외우고 있기도 하다.

연산燕山의 두우균
자식을 의義로써 가르쳤네.

두우균의 다섯 아들인 두씨
오룡竇氏五龍을 묘사한 그림

한 그루 늙은 신령한 춘목椿木에서

신선의 계수나무 다섯 가지가 향기를 놓았네.

燕山竇十郎　教子以義方

靈椿一株老　仙桂五枝芳

이후 두우균은 음덕의 공을 더욱 쌓다가, 여든두 살이 되던
해에 목욕하고 친척과 작별한 후 웃으면서 이야기를 나누다
가 숨을 거두었다.

나의 할아버지는 두간의와 벗으로 지내셨는데, 일찍이 책
에다 이 내용을 적어 후손들에게 모범으로 보이셨다. 그러나

그 이야기가 천하에 널리 전하여지지 않는 것을 안타깝게 여겨, 내가 이렇게 다시 기록하고 선善을 좋아하는 이들에게 보이노라.

참지정사參知政事 범중엄은 적는다.

원료범 거사의 입명기

복은 가장 으뜸의 보물이요
복은 다하지 않는 곳집이다.
복은 저 밝은 등불과 같고
복은 나를 낳고 길러주는 부모와 같다.

만약 저 복행 닦으면
결정코 부귀의 즐거움 부른다.
마땅히 이 도리를 잘 알라
복이 없으면 즐거움이 없다.

-『제법집요경』

I

여기에서 살펴볼 원료범(袁了凡, 1533~1606. 요범은 자이며, 이름은 황黃이다) 거사 이야기는 이미 세상에 널리 알려진 것이다. 중국에서는 이 내용을 모르는 사람이 거의 없을 정도이고, 한국에서는 근년에만 몇 편의 번역본이 출판되기도 하였다.

원료범 거사는 명나라 말기에 소주에서 태어났다. 젊은 시절 한 명리가가 자신의 앞날을 예언한 것을 듣고서 실의에 빠져 지내다가, 공과격功過格 수행의 비법을 전해 받은 다음 선업을 쌓음으로 말미암아 입명개운(立命改運: 운명을 새로이 세우고 자신의 앞날을 바꿈)한 대표적인 인물이다.

원료범 거사의 공과격 수행담은 여러 서책에 기록되어 전해 내려온다. 그 가운데에서도 널리 알려진 것은 거사 자신이 지은 『요범사훈了凡四訓』 속의 「입명편立命篇」이다.

입명立命이란 '자신의 운명을 스스로 개척하고 세워나간다'는 것을 말한다. 아래에서는 이 『요범사훈』의 「입명편」을 통하여 원료범 거사가 어떻게 자신의 운명을 세워나갔는지를 살펴보기로 한다.

『요범사훈』은 자신의 아들 원엄(袁儼, 1581~1627)에게 주는 글의 형식으로 되어 있다. 원엄은 훗날 아버지의 뒤를 이어

원료범의 초상과 청말 광서연간에 간행된 『요범사훈』

역시 과거에 급제하고 광동성 고요현의 현령을 역임하였다.

인간의 운명은 예정되어 있지만 고정된 것은 아니다. 전생과 지금까지 생의 행업에 의해 나의 운명은 예정되어 있지만, 지금의 행업에 의해 미래의 운명을 바꾸어나갈 수 있는 것이다.

불법 문중의 육바라밀 가운데 첫째가 보시바라밀이 아니던가? 행복과 진리의 세계로 인도하는 보살도의 제일 미덕은 바로 일체중생에게 공덕을 짓는 보시와 작복作福이다.

원료범 거사의 사례는 보시·작복의 실천으로 자신과 가족의 행복을 추구한 경험담이자 부처님의 교리가 현실세계 속에서 입증된 영험록이며, 우리 불교사가 만들어낸 하나의 소중한 역사이다.

아래는 『요범사훈』 「입명편」의 내용이다.

II

나는 어릴 때 너의 할아버지를 여의었다. 너의 할머니께서 과거 공부를 그만두고 의술을 배우도록 명하시면서 이르셨다.

"의술을 배우면 생활을 꾸려나갈 수 있고, 능히 다른 사람을 구제할 수 있다. 또한 하나의 기술로 이름을 떨칠 수도 있으니, 이는 네 아버지의 오래된 염원이기도 하다."

이에 나는 할머니의 뜻을 따라 의술을 배우기 시작하였다.

그 후 어느 날 나는 자운사慈雲寺에 들렀다가 어떤 노인을 만났는데, 긴 수염과 위품 있는 모습이 마치 신선과 같은 분이었다. 내가 공경히 예를 올리자 노인이 나에게 말씀하셨다.

"그대는 관직의 길로 나아갈 사람이다. 내년이면 학교에 입학할 텐데 어찌하여 글을 읽지 않는가?"

나는 노인에게 연유를 말씀드리고, 아울러 노인의 성명과 사는 마을을 여쭈었다. 노인은 이렇게 답하였다.

"나의 성은 공씨孔氏요 운남 사람일세. 나는 일찍이 송나라 소강절邵康節[11] 선생의 『황극경세서皇極經世書』 비법을 정통으

---

11 소강절(1011~1077): 송나라 초기의 저명한 이학가理學家인 소옹邵雍으

로 이어받았다네."

이에 나는 공 노인을 집으로 모시고 와 모친에게 말씀드렸더니, 모친께서는 잘 접대하라고 하셨다. 여러 차례 공 노인의 명리命理를 시험하여 보았더니 모두가 정확하게 맞았다. 이에 나는 공 노인의 말씀을 신뢰하게 되었고, 글공부를 다시 시작하였다.

공 노인은 나의 앞날을 이렇게 예측하였다.

"그대는 내년에 지방의 예비시험에 이러이러한 성적으로 합격할 것이다. 모년에는 공생(貢生: 정식의 과거에 급제하기 이전 단계의 등급)이 되고, 이후 사천 땅에서 현령을 지낼 것이다. 삼년 반을 재직하다가 귀향하여 집에서 53세에 목숨을 마칠 것이다. 그리고 안타깝게도 대를 이을 자식은 두지 못하겠다."

다음 해에 나는 지방의 시험에 공 노인이 예언한 성적으로 합격하였다. 그 이후로도 무릇 시험을 볼 때마다 그 등수가 공 노인이 미리 예측한 운수에서 벗어난 적이 없었다.

이로 말미암아 나는 인생에 운명이 있다는 것을 더욱 확신하게 되었다. 그리고 나의 인생에 대해 마음이 담담해지고 추

로, 특히 천문수리와 역학易學에 밝았던 전설적인 인물이다. 그에게는 『황극경세서皇極經世書』 외에도 『매화역수梅花易數』라는 점복에 관한 저술이 있다.

구하는 바가 없게 되었다. 자연히 공부에 대해서도 게을러져 하루 종일 가만히 앉아 지낼 뿐이었다.

기사년(1569, 원황의 나이 37세)에 나는 남경의 국자감에 입학하게 되었다. 국자감에 들어가기 전에 근교의 서하산으로 운곡법회(雲谷法會, 1500~1579) 선사를 찾아뵈었다. 대사에게 나의 지난 일을 모두 말씀드리고, 나의 운명을 벗어날 길이 있는지 여쭈었다.

대사께서는 이렇게 말씀하셨다.

"운명은 자신을 말미암아 만들어지는 것이요, 복은 자기 스스로에게서 구하는 것일세(命由我作 福自己求).

부처님의 경전에 이르시길, '사람은 부귀를 구하여 부귀를 얻고, 자녀를 구하여 자녀를 얻으며, 장수를 구하여 장수를 얻는다'고 하셨네. 무릇 거짓된 말은 석가모니께서 크게 경계하시는 것이거늘 제불보살께서 어찌 사람을 속이시리요?

『육조단경』에 이르길, '모든 복의 밭은 마음을 여의지 않으니, 마음에서 구하면 감응하지 않음이 없다' 하였네. 구하는 것에는 도가 있고 얻는 것에는 명命이 있나니, 만약 스스로를 돌이켜 안으로 살피지 않고서 바깥을 향하여 구하기만 한다면 도움 될 것이 없다네.

공 노인이 그대의 운명을 헤아려 과거에 급제하지 못하고 자식도 두지 못할 것이라고 하였다니, 그대 스스로 돌이켜 봄에 과거에 급제하고 자식을 얻을 것이라고 생각하는가?"

나는 한참동안 생각에 잠긴 다음 대답하였다.

"과거에 급제하는 사람을 살펴보면 모두 복의 상을 갖추고 있는데 저는 복의 상이 엷습니다. 게다가 공덕을 쌓고 선행을 모아 두터운 복덕의 바탕을 마련하지도 못하였습니다.

일의 번잡함을 감내하지 못하고, 다른 사람을 포용하지 못하며, 재주와 지혜가 높다고 사람을 낮추어보며, 자신은 곧은 마음과 곧은 행실을 갖추고 있다 하여 다른 이를 경시하여 함부로 말합니다. 이들 모두는 박복할 모양인데 어찌 과거에 급제할 수 있겠습니까?

또한 땅은 더러워야 생물이 많고 물은 너무 맑으면 물고기가 살지 않거늘 저는 지나치게 결백함을 좋아하니 자식이 없을 첫 번째 이유이며, 온화한 기운이라야 능히 만물을 기르거늘 저는 잘 성내고 짜증내니 자식이 없을 두 번째 이유이며, 사랑은 생명을 낳는 바탕이요 잔인함은 만물을 기르지 못하는 근본이거늘 저는 자기를 버려 남을 구제하지 못하였으니 자식이 없을 세 번째 이유입니다.

그 밖에도 말을 많이 하여 기운을 상하고, 술 마시기를 좋아하는 등 저의 잘못이 매우 많아 자식이 없는 듯합니다."

대사께서 말씀하셨다.

"이 도리는 어찌 과거에 급제하는 일에만 그치겠는가? 세상에서 천금의 재산을 누리는 이는 반드시 천금의 인물이며, 백금의 재산을 가지는 이는 결정코 백금의 인물이요, 굶어죽는 이는 정히 아사의 인물이니, 하늘은 다만 그 사람의 재목에 따라 돈독히 하여줄 뿐이라네.

자식 낳는 일도 그러하여 백세百世의 덕이 있으면 반드시 백세의 자손이 뒤를 이으며, 십세의 덕이 있으면 십세의 자손이 보전되며, 대가 끊기어 후손이 없음은 덕이 지극히 엷기 때문일세.

그대가 지금 스스로의 잘못을 알았으니, 이제부터는 과거에 급제하지 못하고 자식이 없을 상相을 온 정성으로 바꾸어 나가도록 하게.

덕을 쌓음에 힘쓰고 남의 잘못을 포용함에 힘쓰며 온화함과 자애에 힘쓰도록 하게. 종전의 가지가지는 어제 죽은 것처럼 여기고, 이후의 가지가지는 오늘 새로 태어난 것처럼 여기게.

이것이 바로 의리로 다시 태어나는 몸이니, 무릇 혈육의 몸은 운명이 있기 마련이지만 의리의 몸은 어찌 하늘을 감동시켜 바꿀 수 없겠는가?

『서경』「태갑편太甲篇」에 이르기를, '하늘이 재앙을 내리는 것은 피할 수 있어도, 스스로 지은 재앙은 벗어날 수 없다'고 하였네.

공 선생이 헤아린 것은 하늘이 내리는 재앙으로 이는 가히 피할 수 있는 것이라네. 그대가 지금 덕성을 넓히고 선한 일을 힘껏 행하며 음덕을 많이 쌓는다면 이는 자기가 짓는 복이니, 어찌 뒷날의 복록을 누리지 않음이 있겠는가?"

나는 대사의 말씀을 깊이 믿고 절을 올리면서 가르침을 받들었다. 먼저 부처님 전에 지난날의 죄과를 드러내어 참회한 다음, 한 편의 발원문을 지어 먼저 과거에 급제하기를 염원하였다. 그리고 삼천 가지 선행을 지음으로써 천지와 조상의 은덕에 보답하기를 서원하였다.

대사는 나에게 『공과격』을 한 편 주시면서 행하는 모든 일을 매일 기록하게 하셨다. 선행이 있으면 그 수를 기록하고, 악행이 있으면 그만큼 수를 빼도록 하셨다. 또한 관세음보살의 준제진언을 외우게 하시면서 반드시 영험이 있을 것이라고 일러 주셨다.

나의 자字는 원래 학해學海였는데, 이때부터 요범了凡으로 바꾸었다. 운명창조의 도리를 깨닫고서 다시는 범부의 경계에 떨어지지 않기 위해서였다.

이후로는 종일토록 조심하고 신중하게 일을 처리하였는데,

나의 생활이 이전과 같지 않음을 느낄 수 있었다. 전에는 다만 유유하며 방임하였는데, 이에 이르러서는 전전긍긍하며 모든 것을 두려워하게 되었다. 어두운 방에 혼자 있더라도 천지귀신에게 죄지을 것을 언제나 두려워하고, 어떤 이가 나를 미워하거나 헐뜯어도 자연히 담담하게 받아들일 수 있게 되었다.

기사년에 발원한 이래로 기묘년(1579, 원황의 나이 47세)에 이르러 십 년을 거치면서 삼천 가지 선행이 비로소 완성되었다.

다음 해에 고향으로 돌아와 여러 스님을 청하여 동탑사의 선당에서 공덕을 회향하였다. 이어서 자식 얻는 염원을 담아 다시 삼천 가지 선행 지을 것을 서약하였다. 그렇게 하여 다음 해 신사년(1581, 원황의 나이 49세)에 천계(天啓, 원황의 아들인 원엄의 자) 너를 낳았다.

나는 한 가지 선행을 지을 때마다 붓으로 적었다. 너의 어머니는 글을 몰라 선행을 지을 때마다 거위 깃대로 인주에 찍어 달력 위에다가 동그라미 표시를 하였다. 혹은 가난한 사람에게 먹을 것을 베풀고 혹은 생명을 사서 놓아주고 하여 하루에 많게는 십여 개의 동그라미가 찍힐 때도 있었다.

그로부터 2년 후인 계미년(1583, 원황의 나이 51세) 8월에 이르러 삼천의 수가 가득 찼다. 이에 다시 집으로 스님들을 청하여 회향을 올린 다음, 9월이 되어 진사에 오를 것을 염원하며 일만 가지 선한 일 짓기를 발원하였다. 그렇게 하여 3년 후인 병술년(1586, 원황의 나이 54세)에 나는 드디어 과거에 급제하게 되었다.

공 노인은 내가 53세에 액난을 만날 것이라고 일러 주었다. 나는 이 일로 인하여 특별히 기도하지는 않았지만, 그 해가 지나도록 아무 일이 없었고 지금 예순아홉이 되었다.

『서경』에, "하늘은 항상하다고 믿기 어렵고, 운명은 변하지 않는 것이 아니다"라고 하였다. 나는 이에 대하여 아노니 '화와 복은 자기에게서 구한다'는 것은 성현의 말씀이요, '화와 복은 오직 하늘이 명하는 것이다'라고 한다면 이는 세속의 의론이다.

너의 운명이 어떠할지는 나도 모른다. 상황이 영화롭고 빛날 때에는 몰락하여 적막할 때를 항상 생각하고, 순리로운 때를 만나면 마땅히 어려움에 처했을 때를 생각하며, 눈앞의 의식주가 풍족할 때에는 언제나 가난하고 구차할 때를 생각하여라.

사람들이 너를 사랑하고 공경하면 언제나 두렵다는 생각을 내며, 집안이 명망 있고 존중 받으면 언제나 하천함을 생각하며, 학문이 자못 높으면 언제나 비루하다는 생각을 하여라.

나날이 잘못된 것을 알아차리고 나날이 허물을 고치도록 하여라. 하루를 잘못된 것을 알아차리지 못하면 곧 하루를 자기가 옳다는 것에 안주함이요, 하루를 허물 고침이 없다면 곧 하루가 나아감이 없게 되는 것이다.

천하에 총명하고 준수한 이가 적지 않지만 덕을 닦지 못하고 도업을 넓히지 못하는 것은 다만 타성에 젖어 일생을 헛되게 보내기 때문이다.

운곡 대사께서 전해주신 입명立命의 교설은 지극히 미묘하고 지극히 깊으며 지극히 진실되고 지극히 바른 도리이니, 잘 익히고서 부지런히 행하도록 하여라. 일생을 헛되게 보내어서는 아니 된다.

반자황 선생 출임기

추운 이에게는 따뜻함을 주며
배고픈 이에게는 음식을 주고
물에 빠진 이는 건져주며
머물 데가 없는 이에게는 집을 주어라.

가난한 이에게는 재물을 주고
병들어 아픈 이에게는
좋은 약을 주어 낫게 하여
각각 안은과 쾌락을 얻게 하여라.

이와 같이 중생을 이익 되게 하고 즐겁게 하면
현재에 여의如意의 복보福報를 얻게 되고
다음 생에는 오직 이 복업이

반려가 되고 구호가 되며 의지가 되리라.
－『복개정행소집경』

I

중국의 명나라 말기와 청나라 초기에는 선행과 음덕 쌓음을 근간사상으로 하는 '선서善書'가 널리 유행하였다. 선서는 중국 송나라 때에 형성되기 시작하여 명·청 시대에 성행하였으며, 지금까지도 그 전통이 면면히 이어지고 있어 출판문화의 한 축을 이른다.

　선서의 내용은 권선징악의 교훈과 선인선과善因善果 악인악과惡因惡果의 사상을 주로 담고 있는데, 중국이나 대만의 사찰이나 도관道觀을 방문하거나 서점에 들르면 이들 선서들을 많이 만날 수 있다.

　이들 선서에서 설하는 내용을 조목조목으로 구체화시키고 나아가 이를 실천화시킨 것이 이른바 '공과격功過格'이다. 명·청대에는 선서의 성행과 아울러 공과격도 마찬가지로 많은 사람들의 사랑을 받고 수행되었다.

　이러한 시대정신의 풍조 속에서 앞에서 살펴본 원료범 거사의 전기가 생겨났으며, 아울러 공과격 수행을 통한 개운입명改運立命의 또 다른 많은 사례들도 나타났다.

공과격 수행으로 인하여 자신의 운명을 새롭게 수립한 또다른 사례로서 여기에서는 청나라 시대의 이야기 하나를 살펴보기로 한다. 학업에 진전이 없어 어려움을 겪던 한 선비가 공과격 수행의 비법을 듣게 되고, 이후 선업을 꾸준히 쌓아 과거에 급제한 후 높은 관직에 나아가게 되었다는 줄거리의 이야기이다.

청나라 시대의 이 사례는 『문창제군공과격文昌帝君功過格』이라는 책의 후미에 수록되어 있는 「반자황선생출임편潘子璜先生出任篇」에 자세히 기록되어 있다. 「반자황선생출임편」은 반자황이라는 이름의 사대부가 자신의 공과격 수행에 대해 기록한 일종의 자서전이다. 출임出任이란 '관직에 나아간다'라는 뜻을 가지는 말이다.

II

나는 어릴 때부터 글 짓는 것을 공부하였다. 그러나 공부에 진취가 없고 과거시험에서 번번이 낙방한 지가 이미 11년째였다.

그러던 어느 날 동향 출신의 조량벽趙良璧 선생[12]이 항주 태

---

12 「반자황선생출임편」의 각주에 건륭 을축년(1745)의 과거급제자로 소개

수를 끝으로 관직에서 물러나 그해 7월 10일 고향으로 돌아오셨다.

내가 찾아가 배알하니 선생께서는 『문창제군음즐문』[13] 한 권을 주시면서, "이는 내가 평소에 관직 살이 했던 지침서였네"라고 하셨다.

내가 읽어보니 책 속에는 「음즐문陰騭文」을 독송함으로 말미암아 학문에 들어선 이에 관한 내용도 있었고, 혹은 과거에 급제하거나 어려움에서 벗어나게 된 이에 관한 내용도 있었으니 모두가 공이 평소에 가르치시던 문생門生들이었다.

내가 읽는 방법을 여쭈자 공이 말씀하셨다.

"그대는 매일 『태상감응편太上感應篇』과 『문창제군음즐문』을 한 차례씩 소리 내어 읽도록 하게.

또한 장부를 한 권 만든 다음 하나의 선행을 지을 때마다 동그라미 하나씩을 찍어 기록하되, 만약 악행을 지은 일이 있으면 찍은 동그라미 하나씩을 없애도록 하게.

──────────

되어 있다.

13 선서의 전통 가운데에서도 『태상감응편太上感應篇』·『문창제군음즐문文昌帝君陰騭文』·『관성제군각세진경關聖帝君覺世眞經』의 3서가 특히 널리 유통되어 '삼성경三聖經'으로 불린다. 이 3서는 중국에서 명·청대 이후 민간신앙의 중요한 부분을 이루게 된다.

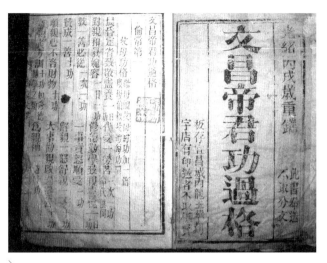
명, 청대 이후로 널리 성행한『문창제군공과격』

이렇게 해나가면 신명과 계합하고 또한 자연히 학업에 진취가 있을 것이라네.”

나는 다시 여쭈었다.

“어떤 것이 선이 되며, 어떤 것이 악이 되는지요?”

공은 곧 문 앞의 돌 하나를 가리키면서 이르셨다.

“이 돌이 사람의 통행을 장애하니 그대가 능히 치운다면 또한 하나의 선일세. 만약 다른 사람을 넘어뜨리려고 한다면 곧 악일세.”

다시 탁자 위의 과일 하나를 가리키시며, “이 과일을 갖고서 부모님에게 올린다면 또한 하나의 선일세. 만약 기꺼이 부모님에게 올리지 않는다면 곧 악일세. 이렇게 넓혀 나간다면 사사물물이 모두 이와 같이 선이 되고 악이 될 걸세."

말씀을 마치시고 공은 나에게 『공과격』 한 권을 보이셨다. 나는 홀연히 깨달으면서 탄식하였다.

"이는 선행을 지어 길상을 받는 뜻이군요!"

"그렇다네."

나는 집으로 돌아와 삼 일을 재계한 후 문창제군의 초상화 앞에 나아가 한 통의 소문疏文을 지어 바친 후, 삼천 가지 선한 일 짓기를 서약하며 학업에 진전이 있기를 빌었다.

이날 이후 매일 서원의 마음을 가슴에 잘 지니고 악한 생각은 감히 일으키지 않았다. 무릇 죽 한 그릇 밥 한 그릇도 반드시 먼저 부모님에게 받들었으며, 길의 벽돌 하나 돌 하나도 사람이 지나가는 데에 장애가 되면 반드시 치웠다.

나아가 병 고치는 약을 베풀고 마실 차를 보시하며, 형을 공경하고 아우를 사랑하며, 글자 적힌 종이를 공경하고 아끼며, 살아 있는 동물을 사서 방생하는 일 등에 힘써 어떤 날은 찍은 동그라미가 서너 개에 이를 때도 있었다.

만약 뜻하지 않게 하나의 악을 짓게 되면 동그라미 하나씩을 없앴다. 그렇게 하여 매달 그믐날에는 문창제군 앞에 향을 사르고 지난 한 달 동안의 행한 바를 아뢰었다.

이렇게 한 지 2년이 되는 해에는 곽종사瞿宗師께서 찾아오셔서 내가 쌓은 것을 적으시는 상서를 겪기도 하였고, 4년이 되던 해에는 마침내 삼천 가지 선행을 모두 이루었다.

나는 다시 한 번 삼천 가지 선행 지을 것을 서약하며 거인擧人 시험에 합격하기를 염원하였는데, 병자년(1756) 가을의 고시에서 드디어 거인과목에 합격하였다.

이 해 9월 23일 모친께서 66세를 일기로 세상을 떠나셨다. 나는 정성을 다하여 장례를 마친 다음, 복상服喪의 효를 지극히 함으로써 공과를 삼기로 하였다.

고기와 술과 좋은 옷과 편안한 잠자리를 멀리하고, 아침저녁으로 사모하고 눈물을 흘리며 마치 살아계신 것처럼 영전에 음식을 올렸다.

이렇게 3년의 복상을 마치자 꿈에 한 명의 금갑金甲을 두른 신이 나타나 "그대의 지난 3년 신고는 가히 삼천의 공덕이 될 만하다"고 하였다.

경진년(1760)이 되어 향을 사르고 나는 또 다시 삼천 가지 선행 지을 것을 서약하며, 이번에는 과거에 급제하게 되기를 빌었다.

계미년(1763) 설날 아침의 꿈에 문창제군께서 휘묵徽墨[14]을 하나 주셨는데, 이 해에 나는 과연 과거에 급제하였다.

갑신년(1764)에 나는 다시 일만 가지 선사善事 지을 것을 서약하였는데, 다음 해에 절강성 소흥의 지부知府로 발탁되었다.

임지에 이르러서는 무릇 민심과 사물을 내가 직접 살폈다. 죄를 지었으나 불쌍한 이는 용서해주고, 죄가 가벼운 이는 재물로 대신하게 하며, 죄가 무거운 자는 엄벌에 처하였다. 관아 밖에 등문고登聞鼓를 설치하여 작은 일은 현에서 처리하게 하고, 큰일은 내가 처리하되 일을 뒤로 미루지 않았다.

관원 중에 가난한 이는 내가 청렴의 모범을 보임으로써 복종시키고, 일을 게을리 하는 이는 어진 마음으로 두 번 세 번 용서한 연후에 책망하고 바로잡았다. 이렇게 하여 내가 임지를 떠날 때에는 만민이 길을 막으며 나의 떠남을 아쉬워하였다.

이후 정해년(1767)에는 운남성의 양도糧道로 승진하고, 기축년(1769)에는 산서성의 안찰사가 되었으며, 신묘년(1771)에는 귀주성의 포정사가 되고, 이어 병신년(1776)에는 산동성 순무(巡撫: 지방장관)가 되어 선정에 힘썼다.

아! 나의 외모는 초라하여 어디에 내어놓을 수 없고, 나의

---

14 휘주(徽州, 안휘성에 위치)에서 생산되는 묵墨으로 중국에서 최고의 품질로 꼽힌다.

재능은 짧아 이름 있는 이에 끼지 못하며, 나의 운명은 좋지 않아 젊은 시절에는 문운文運이 통하지 않았다.

일찍이 어떤 명리 선생이 나의 사주팔자를 추산하여 보고서는, 공명도 없을 것이요 수명도 짧을 것이라 하였다. 이에 나는『태상감응편』과『문창제군음즐문』을 얻어 그 가르침을 받들어 행하고 마침내 미천한 운명을 바꾸어 존귀한 운명이 되게 하기에 이르렀다.

『서경』에 이르길, "하늘이 재앙과 길상을 내림에는 그 사람의 덕에 달려 있다" 하였고, 『시경』에 이르기를, "밝고 밝은 상제께서는 아래에 임하심에 빛남이 있다" 하였으며, 『맹자』에 이르기를, "화와 복은 자기에게서 구하지 않음이 없다" 하였다. 나는 이를 읽고서 성인은 함부로 말씀하지 않으시며, 말씀이 있으면 반드시 옳다는 것을 바야흐로 알았다.

『태상감응편』은 조선시대에도 널리 유행했다.

후세의 배우는 이로서『태상감응편』과『문창제군음즐문』의 두 편을 버리고서 어찌 달리 멀리 이르고 높이 오르는 방도를 찾을 수 있으리오?

III

공과격이란 자신의 노력에 의해 미래의 운명을 밝게 개척하고자 하는 이념을 가지는 공덕수행의 지침서이다.

이 공과격은 '공격(功格, 즉 선행)'과 '과격(過格, 즉 악행)'으로 나누어 점수를 매겨나가는 것이다. 여기에서 격格이란 '기준이 되는 규범'이란 의미를 갖고 있다.

이를 수행하는 사람은 매일 밤에 그날 하루 동안 행한 선악 행위를 관련되는 항목에 대비시켜, 각각의 선행에 대하여서는 해당되는 점수를 매기고, 각각의 악행에 대해서는 해당되는 점수를 감한다.

이렇게 하여 월말에는 소계小計를 하여 매월의 공과격을 만들고, 연말에는 한 해의 공과로 총계를 낸다. 이런 방식으로 점수를 합산하여 목표로 하는 수치까지 도달하도록 한다.

이 공과격의 사상적인 배경은 중국 도교의 적선積善 사상에다가 유가의 윤리도덕 및 불교의 인과보응 사상이 융합된 것이라 할 수 있다.[15]

공과격의 기원은 비록 도교에서 시작되었지만 훗날 불교의 전통과 자연스럽게 결합되었으며, 그 사상이나 내용도 불교에서 천명하는 '제악막작 중선봉행'의 이념을 고스란히 담고 있어 불교의 교리체계에 전혀 어긋남이 없다.

---

15 공과격의 기원은 멀리 중국의 진대晉代에까지 거슬러 올라간다. 진대의 인물인 갈홍(葛洪, 283~363?)이 지은『포박자抱朴子』에는 "천선天仙이 되기 위해서는 1,200가지 선을 쌓아야 하고, 지선地仙이 되기 위하여서는 300가지 선을 쌓아야 한다"는 내용이 담겨 있는데, 이러한 사상이 훗날 공과격의 원류가 된다. 이후 선과 악, 공과 과로 행위를 계산하는 전통이 점점 생겨나 송대에 이르면 공과격이라는 하나의 제도가 생겨나기에 이른다. 현존하는 가장 오래된 공과격은「태미선군공과격太微仙君功過格」으로 이는 1171년에 중국 도교의 한 종파인 정명도淨明道의 도사들에 의해 만들어졌다.

「태미선군공과격」에 이어「경세警世공과격」·「십계十戒공과격」이라는 이름의 공과격이 계속하여 생겨났다.

훗날 명나라 말엽의 원황 거사와 운서주굉 대사 등의 극력 제창을 거쳐 공과격은 세상에 성행하게 된다. 원황 거사는 운곡 선사에게서 받은「운곡선사공과격」을 널리 알렸고, 운서주굉 대사는「자지록自知錄」이라는 공과격을 만들었다. 이 외에도「문창제군공과격」·「휘찬彙纂공과격」 등의 여러 공과격이 형성되었으며, 특정한 계층을 대상으로 한『당관當官공과격」·「동몽童蒙공과격」·「부녀婦女공과격」 등도 생겨났다. 이렇게 하여 이 공과격 사상은 점점 일반의 선비나 민중에게 널리 확대되기에 이른다.

나아가 공과격 수행은 불교의 자비와 공덕 정신을 생활 속에 구현시킬 수 있는 훌륭한 방법의 하나이기도 하다.

　꾸준히 선업을 쌓는 것은 불자의 일상적인 생활이어야 하지만, 가족에게 병고가 닥쳤거나 학업을 앞둔 자녀가 있을 때에 이러한 공과격 수행을 한번 실행하여 보는 것도 좋은 방법의 하나가 되리라 본다.

장빈의 공덕 창고

오직 내가 닦는 선법만이
백천 생토록 나를 따른다.
내가 가진 재물은
한 걸음도 나를 따라오지 않는다.

마땅히 선법을 가까이하여
가르침대로 수행하여라.
그리하면 모든 고통은 생겨나지 않고
수승한 즐거움을 얻으리라.
- 『제법집요경』

인간과 천상의 길에는
복을 지음이 첫째이요,

삶과 죽음의 바다에는
염불 공덕이 제일이다.

-『여산연종보감』

I

세상의 모든 것이 인과이니, 인과의 도리를 믿고 공덕의 삶을
사는 것이 불자의 길이다. 다음 생의 운명이 어떻게 정해질지
도 오직 인과에 달려 있으니, 지금으로부터 400여 년 전 중국
절강성에서 일어났던 일을 하나 살펴보자.

이 내용을 기록하여 후세에 전한 분은 계현(戒顯, 1610~
1672) 대사이다. 계현 대사는 한국어로도 번역되어 소개된
『선문단련설禪門鍛鍊說』을 저술한 청초의 저명한 선승이다.

아래의 내용은 계현 대사의 저술『현과수록現果隨錄』권1에
실려 있는 것을 옮긴 것이다.『현과수록』은 계현 대사가 일생
동안 보고 들은 불교의 인과 이야기를 기록한 것으로 후세에
많이 인용되는 책이다.

II

절강성 영파寧波의 가난한 백성 장빈張斌은 최상서崔尚書의 행
랑채 한 칸을 빌려 살면서 짚신 삼는 것을 업으로 삼아 살았

다. 그러나 성품이 수행을 좋아하여 일생 육식을 멀리하고 염불을 닦았다.

매일 밤에는 하루의 정해진 일과로 염불을 하면서 염주를 한 바퀴 마칠 때마다 삼는 짚신에서 잘라낸 끄트러기 한 가닥씩을 대광주리에 담아두었다가, 매해 섣달 그믐날에는 이들을 하나로 묶어 다니는 절의 지장전에 들고 가 불사르면서 축원하기를 이미 수십 년이었다.

그때 마침 최상서는 등에 병이 생겨 앓다가 죽게 되었다. 죽어 저승의 명부에 이르렀는데, 명부의 왕은 성내는 눈초리로 최상서의 평일 허물과 죄악을 꾸짖었다. 이에 최상서가 간청하였다.

"한 번만 저를 세상으로 돌려보내 주시어 복업을 닦아 죄과를 씻을 수 있도록 하여 주십시오."

명부의 왕이 말했다.

"네가 세상에서 모은 것은 모두가 속업俗業의 금전으로 이곳에서는 전혀 쓸 수가 없다. 너의 집에서 한 칸 방을 빌려 살아가는 장빈은 도리어 몇 창고나 되는 금전이 이곳에 쌓여 있다. 일만 금의 돈으로 그의 복덕을 바꾸어 온다면 너의 죄보가 풀려지리라."

최상서가 말했다.

"다만 저를 한 번만 돌려보내 주시면 그 일은 지극히 쉬운 것입니다. 그런데 장빈이란 사람은 무일푼의 가난한 이인데, 어떻게 이런 복업의 창고를 갖고 있습니까?"

명부의 왕이 말했다.

"무릇 인간세상에서 재계하며 지극한 마음으로 염불하는 한 소리가 이곳에서는 한 닢의 금화에 해당하며, 혹은 산란한 마음으로 염불하는 일성一聲도 한 닢의 은화가 된다. 장빈은 지극한 마음으로 염불하며 짚신의 끄트러기로 수를 기록하여 그 공덕이 이와 같이 몇 창고에 이르게 된 것이노라."

마침내 명부의 왕이 최상서를 놓아주어 그가 다시 이 세상으로 돌아오자 곧 장빈을 불러 말하였다.

"그대의 명부 창고에는 이미 수많은 금전이 쌓여 있네. 일 만 전어치만 바꾸어 나에게 주시게나."

장빈은 말하였다.

"저의 명부 창고가 쓰일 데 있다면 다만 분부대로 따르겠습니다."

이에 최상서는 문서를 만들게 하고 일 만의 은전을 장빈에게 주면서 서로 바꾼 다음, 스님들을 청하여 문서를 사르면서 회향하였다. 그 후에 최상서의 등에 난 병은 차츰 낫게 되었다.

장빈은 "내 나이 이미 늙었는데 이 돈이 무슨 소용이 있겠는가?" 하면서 최상서와 바꾼 일 만의 은전으로 큰 다리를 하나 만들고, 다시 그 곁에 몇천 금을 들여 암자를 지어 대중들을 접대하니 이름을 '장빈암張斌庵'이라 하였다.

내(계현)가 예전에 태수 전숙락錢肅樂[16] 공의 관사에 몇 년 동안 머문 적이 있었는데, 태수 형제가 자주 나에게 이 이야기를 들려주었다. 또한 정축년(1637)에 나는 영파에 있는 천동사天童寺를 찾은 적이 있는데, 그때 이 다리를 건넌 적이 있기도 하다.

장빈은 지극한 마음으로 염불하여 공덕의 금전이 쌓여 창고를 이루게 하였으며, 또한 훗날 다리를 만들고 절을 지어 보시함으로써 그 복덕을 넓고 크게 하였다. 염불의 이익이 이와 같이 수승한데 안타깝게도 세상 사람들은 이승의 도리와 저승의 도리가 서로 다름을 알지 못하는구나!

---

16 전숙락(錢肅樂, 1606~1648): 자는 희성希聲이며 명나라 숭정崇禎 10년
(1637)의 과거에 급제하였고, 계현 대사의 고향인 태창太倉의 태수를 역
임하였다.

선인善人 정조영

세상의 모든 것은
선과 악의 법이 근본이 된다.
마땅히 선법을 부지런히 닦으라.
선법은 능히 그대를 구호하리라.

오직 이 한 선법을
마땅히 힘쓰고 잘 지켜라.
선을 행하면 수명이 연장되고
악을 지으면 이 몸은 속히 마멸된다.

-『제법집요경』

I

'무독유우無獨有偶'라는 말이 있다. '홀로가 아니라 짝이 있다'
라는 의미를 가지는 성어이다. 무엇이든지 하나이면 외롭고,
둘이면 서로 의지하여 견고함을 이룬다.

저승의 공덕 창고 이야기는 다소 신비한 이야기라서 일반인
들이 쉽게 믿지 못하겠지만, 앞의 「장빈의 공덕 창고」와 지금
살펴볼 「선인 정조영」을 나란히 둠으로써 공덕의 창고라는 도
리가 있다는 것에 우리 불자들은 믿음을 가지게 될 것이다.

아래에 살펴볼 이야기는 지금으로부터 비교적 가까운 시기
의 일로서, 중국 청대 정토종의 저술 『염향집染香集』[17]에 실려
있는 내용이다.

II

정조영鄭兆榮은 오강吳江의 성택盛澤 사람으로 일찍부터 육식
을 멀리하고 선업 짓기를 좋아하였는데, 중년에 한구漢口에서
장사를 시작하여 집안이 점차 일어남에 그 선심이 더욱 돈독
해졌다.

---

17 청나라 정토종의 오영(悟靈, 1768~1828) 스님이 지은 책이다. 오영 스님
은 일생 염불수행에 힘썼으며 염불법문으로 많은 사람을 교화하였다.

이에 앞서 이런 일이 있었다. 같은 일을 하는 사람의 처가 병이 들어 저승에 가게 되었는데, 저승의 신이 평소의 불효함을 꾸짖으면서 목숨을 거두려 하였다.

이에 동업인의 처가 급히 용서를 구하자 저승의 신이 말하였다. "네가 죄업을 소멸하고자 하면 마땅히 선인善人 서대균徐大均을 찾아 그의 선업을 사도록 하라."

동업인의 처는 깨어나자 그 말대로 하여 죽음을 면하게 되었다.

저승의 신이 칭찬한 선인 서대균은 정조영의 가까운 친척으로 평소에 정업(淨業: 극락왕생을 바라며 염불하는 일)을 닦는 사람이었다. 정조영은 이 일을 듣고서 마침내 염불의 공덕을 굳게 믿게 되었으며, 수행을 하면서 나날이 공력을 더하였다.

훗날에는 깊은 신심으로 만 금을 들여 선당善堂을 열고 빈곤한 이를 구제하면서 모든 공덕을 정토에 회향하였고, 손님이 찾아와도 일이 없으면 한마디도 나누지 않았다.

만년에는 자신이 쓸려고 오래 전에 준비해 두었던 초방杪枋 나무로 만든 관까지 팔아 가난한 사람에게 베풀고. 엄동설한을 만나면 입고 있던 옷까지 벗어 다른 이에게 입혀주면서도 아까워하지 않았다.

가경嘉慶 18년(1813) 12월이 되어 가벼운 병이 들었다. 보름이 다가오는데 자식이 먼 곳으로 볼일을 떠나고자 함에 일렀다.

"가거든 속히 돌아 오거라. 내가 갈 날이 멀지 않다."

기일이 되자 서쪽을 향하여 가부좌하고 앉음에 권속들이 빙 둘러서자 조영이 말하였다.

"나를 위해 염불해 다오. 관세음보살께서 오셨다."

이때 주위의 사람들이 기이한 향기를 맡았고, 조금 후에 떠나니 나이 78세였다.

주계부의 다리 수리한 공덕

정원과 숲 만들어 시원함 베풀고
좋은 다리 놓으며
나루터 만들어 사람을 건네주고
나그네 위해 좋은 집 짓는 자

그 사람은 낮과 밤으로
언제나 그 복 누리며
계율과 선정 성취하여
미래세에 하늘에 태어나리라.

- 『증일아함경』

I

곤산昆山[18]의 주계부周季孚는 집안이 부유하면서도 선업을 좋아하였다. 그러나 나이가 중년이 되도록 자식이 없었다. 훗날 집을 소주 성내로 옮겨 살았는데, 한 이인異人이 주계부에게 일러주었다.

"그대의 명수命數에는 자식이 없구려. 그러나 꼭 대를 잇고 싶다면 마땅히 다리 삼백 개를 놓도록 하시오. 그리하면 아들을 얻을 수 있을 것이오."

그가 "나에게는 그만한 재력이 없는데 어찌하면 좋겠는가?" 하며 걱정하니, 다른 어떤 이가 말하였다.

"다리의 크고 작음에 얽매일 것도 없고 반드시 새로 지을 것도 없으니, 다만 무너지고 모자라는 부분만 수리하여 고치더라도 가히 그 수를 채울 수 있을 것이라네."

이에 주계부는 기쁜 마음으로 그 말을 좇아 어떤 다리는 새로 만들고 어떤 것은 수리를 함에 조금의 힘든 표정도 짓지 않았다. 그렇게 하여 정히 삼백 개의 수를 채우자, 그의 나이도 이미 예순이 되었다.

그 후에 연이어 아들 셋을 얻었는데, 이 아들들은 뒷날 모두

---

18 상해上海와 소주蘇州 사이에 있는 땅 이름이다.

畫種西方九品界　顧將東土三千界

懷西居士遺像

▲청대의 유명한 거사인 주
안사周安士의 초상
▲『문창제군음즐문광의』에
나오는 판화

이름 있는 선비가 되었다. 공은 강
희 49년(1710)에 여든넷의 나이로
생을 마쳤다.

다리 하나가 이미 이루어짐에도
무수한 사람을 건너게 할 수 있거
늘, 하물며 삼백 개의 다리에 이르
러서이랴? 마땅히 대 끊어짐을 바
꾸어 대 이어짐이 되게 하나니, 주
어진 운명은 복덕의 과보를 대적할
수 없는 것이다.

II

위의 이야기는 『문창제군음즐문
광의文昌帝君陰隲文廣義』에 담겨 있
는 내용이다. 이 책은 청초의 저명
한 거사 주몽안(周夢顔, 字는 安士,
1656~1739)이 편집한 것이다. 주몽
안 거사는 위 이야기의 주인공인 주
계부와 같은 고을 태생으로 역시 곤
산 사람이다.

『문창제군음즐문광의』는 선서류의 책으로 한국에는 그다지 알려지지 않았지만, 중국에서는『태상감응편』·『요범사훈』 등과 더불어 널리 알려져 있는 선서이다.

대만 가읍행선단 이야기

보시를 하는 사람은 모든 묘한 즐거움을 얻고,
집착하는 사람은 언제나 핍박을 받는다.
보시를 하는 사람은 큰 부요富饒를 얻고,
집착하는 사람은 빈핍貧乏을 얻는다.
  - 『대승집보살학론』

I

이웃 대만에는 특이한 사연을 담고 있는 자선단체가 여럿 있
다. 이들 단체의 활동은 바라보는 이로 하여금 가슴 가득 감동
을 느끼게 한다.

　이들 자선단체의 형성은 결코 우연히 이루어진 것이 아니
다. 면면히 이어져 내려오는 전통적인 미풍양속의 가치관 속
에서 이들 모임이 형성되고 크게 성장한 것이다.

중국의 명청대에 크게 유행한 선서善書의 제작과 보급은 많은 선심인사의 공감을 얻었다. 유불도 삼교의 바탕 위에서 적선과 작복을 중시하는 선서의 사상은 민심에 깊이 스며들어 선업에 대한 견고한 가치관을 형성하였다.

대만의 중서부에 위치한 가의시嘉義市에 근거지를 두는 「가읍행선단嘉邑行善團」은 1965년 임병산 선생에 의해 창립된 자선단체로 다리를 놓는 행선활동을 주로 하는 곳이다.

2010년의 발표에 의하면 당시까지 대만의 각지에 순수한 자선사업으로 436개소의 다리를 놓았고 행선단원은 10여만 명이라 한다.

행선단에 참여하는 단원들은 정기적으로 일정액을 보시하고, 이들 보시금으로 자재를 구입하여 매주 일요일마다 단원들이 직접 작업에 참가하여 다리를 놓는다.

가업행선단의 복무
사항을 적은 간판

마영구馬英九 전 대만총통은 이들의 자선활동에 대하여 "비단 대만의 광명일 뿐 아니라 나아가 세계의 기적이다"라는 말로 찬탄하기도 하였다.

아래에서는 「가읍행선단」의 활동과 이들 주변에서 일어난 인과감응 사례를 살펴보기로 한다.

II

임병산林炳山 선생은 가의 지방의 공무원으로 일하다가 일신상의 어떤 불행한 일을 겪고서는 자선활동을 통하여 감응을 체득하였다.

이후 그는 주변사람들에게 적선과 작복을 적극적으로 권장하였다. 각종 의난병疑難病을 앓는 사람들에게는 "온 힘을 다해 선을 행하여 보라"며 권고하였다.

지금처럼 도로가 아스팔트나 시멘트로 포장되기 이전의 옛 길은 자주 패이고 골이 생겨 통행에 지장을 주는 일이 허다하였음을 우리는 잘 안다.

임병산 선생은 먼저 뜻을 같이하는 일곱 명의 친구(이들을 불러 칠거사七居士라 칭한다)와 같이 하루의 일과를 끝낸 밤에 모여 지역사회를 위하여 패인 길을 메우는 일을 시작하였다.

그렇게 묵묵히 길을 수리하면서 공덕수행을 쌓던 중, 1968

가업행선단의 창립자
임병산 선생

년에 가의중학교 뒤의 개울이 불어나 학생 한 명이 떠내려가 목숨을 잃는 일이 발생하였다. 이에 임병산 선생은 일곱 친구와 함께 주변 사람들의 도움을 받아 그곳에 다리를 놓았다.

이렇게 시작하여 순수 자원봉사자의 힘으로 만든 다리가 훗날에는 수백여 곳에 이르렀다. 단체의 규모를 차츰 넓히면서 지역사회를 위하여 여러 자선활동을 전개하며, 후대에 이르러 이름을 「가읍행선단」이라 지었다.

이들이 하는 일은 세상의 어려움을 돕는 것으로, 고아원에 쌀을 보시하는 일, 패인 길을 수리하는 일, 다리를 놓고 수선하는 일, 집안사정이 어려워 장례를 치르지 못하는 집에 관목을 보시하는 일 등이었다.

행선단에 참여하여 행선활동을 하는 이들에게는 불가사의한 현상이 일어나는 경우가 많았다. 어떤 이는 큰 교통사고를 당하였으나 터럭만큼의 상처도 입지 않았고, 어떤 이는 자녀의 학업이 신기하게 향상하였다.

어떤 이는 오랫동안 앓던 병에서 기적처럼 완쾌되고, 어떤 이는 베풀면 베풀수록 기이하게 사업이 더욱 번성하였으며, 어떤 이는 맺히고 맺힌 집안문제가 저절로 풀어지기도 하였다.

가의 지역의 사범대학에 재직하던 운학雲鶴 교수는 행선단의 회원으로 활동하면서 이들 행선단 회원들의 전후에 발생한 인과를 관찰하여 많은 감응사례를 접하였다.

운학 교수는 이들 행선단에서 일어난 감응들을 중심으로 인과보응의 사례들을 모아 책으로 엮어 『불가사의한 인과현상』이라는 이름으로 출판하였다.[19]

---

19 저자는 첫 책을 출판한 후에 각지로부터 많은 기고문을 받았으며, 아울러 많은 이들로부터 행선인과行善因果의 경험담을 듣게 되었다. 그리하여 이들 사례들을 수집하여 계속 책으로 출판하였다. 제2집은 『이렇게 거두고자 하면 이렇게 심어라』, 제3집은 『나는 자신의 운명을 어떻게 바꾸었는가?』, 제4집은 『나는 어찌하여 인과의 현상을 믿는가?』라는 이름을 붙여 출판하였다. 이어 제5집은 『사람은 왜 선을 행하고 지혜를 구하여야 하는가?』, 제6집은 『복이란 심는 것이지 구하는 것이 아니다』라는 이름으로 각각 출판하였다.

III

증엄상인證嚴上人의 철저한 보살도 정신을 기초로 400만의 회원이 참가하고 있는 대만의 「자제공덕회慈濟功德會」는 국내에도 그 이름이 많이 알려진 초대형 불교 자선단체이다.

나는 2010년 2월에 대만의 여러 사찰을 탐방하는 시간을 가질 수 있었다. 「자제공덕회」의 발상지인 화련花蓮에도 3일간 머무르며 이들의 활동을 소상히 관찰하면서 다음의 글을 지어보았다.

자제공덕회를 찬탄하다

동토東土의 천고千古 열세 종파[20]
휘황한 업적이 만대에 전하리라.
사람으로 하여 눈물을 흘리게 하는 그대 자제공덕회여!
장차 불문에 하나의 종파를 더하게 되리라.
東土千古十三宗　輝煌業績傳萬代

---

20 중국불교의 역사에서 비교적 큰 영향력을 가졌던 종파로는 다음의 13개 교단이 꼽힌다. 즉 율종·구사종·법상종·삼론종·선종·섭론종攝論宗·성실종·열반종·정토종·지론종地論宗·진언종·천태종·화엄종이 그것이다.

자제공덕회를 세운 증엄상인

令人流淚爾慈濟　將加一宗於佛門

　자비와 보시는 불교의 첫 번째 미덕이며 행복과 진리를 얻는 길이기도 하다. 대만의 여러 행선단체를 보며 불교의 정신이 사회 속에 잘 구현되고 있음을 본다.

　아울러 요즈음 국내의 여러 사찰과 단체에서도 봉사활동과 복지사업에 힘을 쏟고 있으니 이는 매우 바람직한 일이라 할 것이다.

　부처님께서는 『제법집요경』의 「보시품」에서 자비와 보시 및 그로 인한 공덕을 이렇게 설하신다.

기쁜 마음으로 보시를 행하면
모든 이들이 사랑하고 공경한다.
언제나 길상함을 얻어
복덕의 과보 감득하리라.

가난하고 병들고 결핍된
일체의 중생들에게
언제나 즐거이 보시를 행하여
모든 이들의 모범이 되어라.

즐겨 보시를 행하면
태어나는 곳마다 즐거우리라.
그러므로 모든 현인은
언제나 보시를 칭찬한다.

보시는 저 광명과 같아
이르는 곳마다 자신을 따른다.
인간과 천상에 태어나
언제나 공양과 공경 받게 한다.

소로 태어나 빚을 갚은 정화

사람, 하늘의 길, 그리고 삼악취는
오직 스스로 건져낼 수 있네.
여섯 갈래 가운데에 분주히 다니는 것
꿈속의 일 같구나.

나와 남의 권속을 보고
애상哀傷과 한탄을 그 어찌 오래하리?
마치 저 배우가
자주 그 모습 바꾸는 것 같구나.

- 『육취윤회경』

I

당나라 영휘永徽 5년(654) 때의 일이다. 경성 밖 동남쪽에 구가취苟家嘴라는 언덕이 있는데, 그곳에는 영천靈泉이라는 마을이 있다.

그 마을의 장長은 정화程華라는 사람으로 가을이 되어 탄세(炭稅: 숯에 부과되는 세금)를 걷게 되었다. 그때 정화는 어느 탄정(炭丁: 숯 굽는 사람)에게서 넉넉한 세금을 거두었다. 그 탄정은 집도 가난하였지만 문자를 몰랐기에 세금을 내었다는 증명문서를 받아두지 않았다.

정화는 훗날 그 탄정에게 다시 한 번 탄세를 내라고 하면서 돈을 요구하였다. 탄정이 불복하자 정화는 말하였다.

"내가 만약 이전에 너에게서 탄세로 돈을 받았다면 그 증빙문서를 가져와 보아라."

탄정은 말하였다.

"나는 글자를 모릅니다. 이전에 그대가 나에게 말하기를, '내 이미 너에게서 돈을 받았는데 증빙문서를 따로 만들 필요가 있겠는가?' 하였습니다. 나는 당신의 이 말을 듣고 마음으로 믿었기에 증빙문서를 받지 않았습니다. 그런데 어찌하여 오늘 또 다시 나에게서 돈을 받으려고 합니까?"

정화는 평소부터 인과의 도리를 믿지 않는 사람이었다. 그는 탄정에게 이렇게 맹서하였다.

"만약 내가 너에게서 이전에 돈을 받았다면 내가 죽은 후에 너의 집 소가 되리라."

탄정은 근심하고 괴로워하면서 많이 억울하였지만 어쩔 수 없어 다시 한 번 정화에게 돈을 주었다.

그로부터 몇 달이 지나지 않아 정화는 갑작스럽게 죽었다. 탄정의 집은 소를 키우고 있었는데 정화가 죽은 후에 키우던 암소가 송아지 한 마리를 낳았다.

이 송아지는 온 몸이 모두 검었지만 오직 이마에만 흰 부분이 있었으며 그곳에는 '정화程華'라는 두 글자가 분명하게 새겨져 있었다. 주위 사람들이 보고서는 모두가 죽은 정화가 송아지로 다시 태어난 것임을 알았다.

죽은 정화의 자녀들은 아버지가 탄정에게서 억울하게 빼앗은 돈의 몇 배를 가지고 찾아와 용서를 구하며 송아지를 데려가길 원했으나, 탄정은 그 송아지를 내어주지 않았다.

그 송아지는 아직까지 그 마을에 있다. 이 이야기는 인근의 마을 사람들이 함께 보고서 말하는 것이다.

II

위의 사례는 당대 율종의 고승 도세(道世, ?~683) 율사가 기록

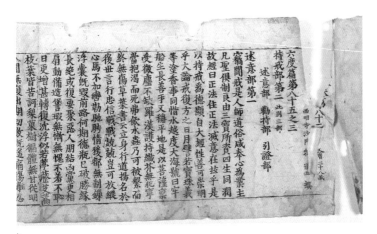

고려장경 초조본『법원주림』권82 - 보물 제1838호
(출처: 성보문화재단 호림박물관)

하여 후세에 전한 것이다. 도세 율사는 남산율종의 초조 도선 (道宣, 596~667) 율사의 법제法弟이다.

도세 율사는 법형인 도선 율사와 함께 '지수문하知首門下의 양웅'이라 불리었으며, 율종에 관한 저술뿐만이 아니라『법원주림法苑珠林』·『제경요집諸經要集』등 불교의 전반적인 교리와 역사에 대한 방대한 저술을 남겼다.

정화가 소로 태어난 이 이야기는 도세 율사의 역작인『법원주림』권57에 실려 있다.『법원주림』은 "말을 함에는 반드시 근거가 있어야 한다(言必有據)"는 자세로 저작되어 후대의 신뢰를 받는 저술이다.

이 일은 율사가『법원주림』을 편찬하던 당시에 스님이 살던 장안 부근에서 일어난 일이라 자세히 알 수 있었을 것이다.

육도윤회 속에서 사람이 동물로 태어나고 동물이 사람으로 태어나는 것은 일반적인 도리라 여겨지지만, 위의 사례처럼 전생의 이름이 후생의 몸에 나타나는 일은 선뜻 믿겨지지 않을 것이다.

그러나 지난날의 역사를 살펴보면 축생의 몸에 사람의 이름을 띠고 태어나는 경우를 종종 볼 수 있는데, 나는 여러 기록 속에서 이러한 사례를 10여 가지 수집하여 놓았다.

아래에서도 계속하여 소로 태어나면서 전생의 이름을 띠고 있는 사례 두 가지를 더 살펴보도록 한다.

심언이 악업을 지어 소로 태어나다

목숨을 마치는 이가 순수한 상념想念만 지니고 있으면
곧 날아올라 반드시 천상에 태어나노라.
목숨을 마치는 이가 탁한 욕정과 맑은 상념이 각각 균등
하면 날아오르지도 않고 아래로 떨어지지도 않아 인간
으로 태어나노라.
목숨을 마치는 이가 탁한 욕정이 많고 맑은 생각이 적으
면 아래로 떨어져 축생으로 흘러 들어가노라.

- 『능엄경』

I

사천 지방에 있는 운정산雲頂山의 자운사慈雲寺[21]는 사방에서 사람들이 모여드는 절로 부처님 전에 바치는 공양물이 매우 많은 곳이다.

그런데 주지승인 심언審言은 성품이 탐욕스럽고 비열하였다. 사중에 들어오는 시주물을 속여서는 다른 곳에 숨겨두고, 또한 술 마시고 고기 먹고 처자를 몰래 거느리는 등 그야말로 무소불위의 승이었다.

그리고 스님들 중에 자못 곧고 맑은 이는 심언에게서 반드시 능욕을 당하였다.

하루는 심언의 병이 위독하여 혼자서 소리치며 말하였다.

"공중에 돌절구 하나가 끈에 매달려 있는데 쥐가 갉고 있다. 끈이 끊어져 돌절구가 나한테 떨어진다."

그렇게 크게 소리 지르고 기절하였다가는 한참이 지나 다시 깨어났다. 이와 같이 되풀이하기를 여러 번 한 후에 마침내 숨을 거두었다.

다음 해에 절 아래의 마을에서 암소가 송아지 한 마리를 낳

---

21 사천성 성도시 부근에 있는 절로 남조南朝의 제(齊, 479~502)와 양(梁, 502~557) 시대에 창건되었으며, 현재까지도 웅위한 규모를 간직하고 있는 대찰이다.

사천성 운정산
자운사

았는데, 배 아래에 분명하게 '심언審言'이라는 두 글자가 새겨져 있었다.

Ⅱ

이 사례는 당나라의 회신懷信 스님이 지은 『석문자경록釋門自鏡錄』의 권하下에 실려 있는 이야기이다.

『석문자경록』은 회신 스님이 세상 사람을 경계케 하기 위해 남북조시대 이래로 당대에 이르기까지의 인과보응 사례를 폭넓게 수집하여 엮은 것이다.

죽어서 소로 태어난 임신교

선을 행하면 선한 과보를 받나니 하늘에 태어나거나, 사
람으로 태어나면 존귀하고 단정하다.
악을 지으면 악한 과보를 받나니 아귀나 축생에 태어나
고, 사람으로 태어나면 하천하고 빈궁하며 추루하다.

    －『분별선악소기경』

I

중국은 땅도 넓고 인구도 많은 곳이다. 그리하여 일반의 상식
을 넘어선 초자연적인 현상이 많이 일어나기도 한다. 옛 기록
에는 이러한 초자연적인 신비현상에 대한 무수한 사례가 수
록되어 있다.

앞에서 전생의 과보로 금생에 축생으로 태어나면서 그 이
름을 띠고 있는 사례를 이미 두 개 살펴보았지만, 여기에서 하

나의 사례를 더 살펴보기로 한다.

　이 사례는 최근에 발생한 일이다. 1956년 대만의 남단에 위치한 병동현屏東縣의 항춘진恒春鎭이라는 고을에서 송아지 한 마리가 태어났는데, 등에 사람 이름이 나타난 일로 인해 한때 세상을 떠들썩하게 한 사건이다.

　먼저 이 사건을 보도한 신문의 기사를 살펴보도록 한다. 대만의 대중시臺中市에서 발행되었던 「민성일보民聲日報」가 1956년 1월 28일자에 실은 기사이다.

II

병동현 항춘진에서 어미 소 한 마리가 송아지를 낳았는데, 송아지의 등에 '임신교林新教'라는 세 글자가 나타나 있었다. 이에 본보의 기자가 항춘진을 찾아가 취재하였다.

　이 소의 주인은 항춘진에 사는 우만금尤萬金이란 사람인데, 그에게는 이전에 우만달尤萬達이라는 이름의 죽은 동생이 있었다.

　일본 점거시대(1895~1945)에 우만달은 의사인 임신교의 집에서 오랫동안 일을 거들며 살아왔다. 어느 날 임신교의 집에서 벼 나락 이천 근을 도둑맞은 사건이 일어났다.

　실은 임신교의 처삼촌 진청강陳淸江이 저지른 일인데, 임신교는 우만달을 지목하며 그가 훔쳤다고 억울한 누명을 씌웠다. 그리고는 경찰서의 형사에게 우만달이 나락을 훔쳤다고 고하였다.

형사들은 우만달을 경찰서로 데려가 모진 고문을 가하면서 자백을 받아내려 하였다. 우만달은 심한 고문을 견뎌내지 못하고 마침내 자신이 훔쳤다고 자백하고 말았다.

그러나 억울한 누명을 쓰고 옥살이를 하게 되어 그 울분을 견디지 못하다가 깊은 한을 품고 죽고 말았다. 우만달이 죽고 얼마 되지 않아 의사 임신교도 세상을 떠났다.

이 일이 있은 지 십여 년이 지나 민국 45년(1956)에 억울하게 죽은 우만달의 형인 우만금의 집에서 기르던 암소가 송아지 한 마리를 낳았다.

그런데 그 송아지의 등에 '임신교林新教'라는 세 글자가 볼록하게 새겨져 있었다. 이 일이 주변에 알려져 원근의 사람들이 찾아가보지 않은 이가 없었다.

송아지의 등에 돌아가신 부친의 이름이 새겨져 있다는 소식은 임신교의 아들 임영관林榮觀에게 전해졌다. 임영관은 송아지를 사서 데려와 키우고자 즉시 우만금의 이웃 사람에게 부탁하여 일만 오천 원의 돈으로 우만금과 교섭하게 하였다.

그러나 소 주인인 우만금은 그것을 거절하였다. 이 일이 바깥으로 두루 전해져 원근 일대를 떠들썩하게 만들었다. 모두들 말하기를 이 사건은 현대에 일어난 인과보응의 사례라고 하였다.

Ⅲ

위의 내용은 대만의 신문 「민성일보」에 보도된 기사이다. 이 사례는 그 밖에도 다른 일간지인 「동대일보東台日報」 1956년 11월 17일자와 불교 월간지인 「월간 관세음」 1971년 5월호(제15기)에도 실렸다. 이 사건은 '주수화 차시환혼' 사례와 더불어 대만에서는 널리 알려진 이야기이다.

　한편 대만의 명문대학인 성공대학成功大學의 의과대학에 재직 중인 나명량賴明亮 교수는 「배태학과 신경의학의 관점에서 본 전생 기억」이라는 논문에서 임신교 등의 사례에 대하여 의학적으로 검토하기도 하였다.[22]

22　제5기 『불학佛學과 과학 토론회 논문집』에 실려 있다.

부모에게 불효하여 돼지로 태어나다

중생이 여러 갈래에 유전함은
세상의 수레바퀴와도 같네.
모두가 업습의 끄는 바이지만
저들은 이에 싫어하는 마음 내지 않네.

목숨은 오래 머물지 않으니
순식 찰나간이로다.
저 악의 인연을 끊고
언제나 여러 선을 받들어 행하여라.
- 『제법집요경』

I

한단邯鄲[23] 사람 후이侯二는 부모에게 불효한 자였다. 한 번은 모친이 구걸하는 이들에게 쌀을 나누어준 적이 있었다. 이에 후이는 심하게 화를 내면서 모친을 욕하고 때리고는 집에서 쫓아내버렸다. 후이의 처자들이 울면서 말렸지만 그는 말을 듣지 않았다.

그로부터 얼마 지나지 않아 후이의 온몸에 독창이 생겨나더니, 그 독창들이 썩어 문드러지면서 후이는 죽었다. 훗날 죽은 후이가 그의 아들 꿈에 나타나 말했다.

"내가 모친에게 거스르고 불효하여 벌을 받아 경성京城의 선무문宣武門[24] 밖 거자영車子營에 있는 장이張二의 집에 돼지로 태어나게 되었다. 너는 속히 찾아가 나를 구해다오!"

후이의 아들은 꿈에서 부친이 알려준 경성 밖의 집으로 바로 찾아갔다. 그런데 과연 거자영의 장이 집에서 돼지 한 마리가 갓 태어났는데, 그 새끼돼지는 돼지의 몸에 사람의 얼굴을 한 것이 마치 죽은 부친의 모습과 같았다.

그렇지만 장이의 집에서는 후이의 아들이 그 새끼돼지를

---

23 하북성의 남단에 있는 지명이다.
24 북경의 서남방에 있는 성문이다.

사서 돌아가는 것을 허락하지 않았다. 이는 강희 39년(1700)에 일어난 일이다.

Ⅱ

이 사례는 청나라 초기의 사대부 왕사정이 지은 『향조필기香祖筆記』 가운데에 기록되어 있다. 『향조필기』는 저자가 만년에 보고 들은 것을 기록하여 놓은 책이다.

왕사정(王士禎, 1634~1711)은 청나라 순치順治 15년(1658)의 과거에 급제한 후 강희제의 시독侍讀을 거쳐 형부상서의 관직에까지 오른 인물이다. 시문에 뛰어났으며 일생 저술에 힘써 『지북우담池北偶談』·『향조필기』·『거역록居易錄』 등의 저작을 남겼다.

중국에는 윤회인과 사례를 기록한 저작이 풍부하다. 이들

왕사정이 지은 『향조필기』(좌) 청대의 저명한 문인 왕사정의 초상(우)

저작은 불문佛門의 사람들에 의해 편집된 것도 있고, 일반사회의 문인들에 의해 기록된 것도 있다.

역대의 많은 사대부들은 자신의 문집을 남겼는데, 문집의 내용으로는 본인이 지은 시문이나 일생 보고 들은 것을 적은 견문이 주를 이룬다. 옛 사대부는 글을 쓰는 것이 직업이면서도 취미였기에 자신의 주변에서 일어난 일이나 혹은 다른 사람에게서 들은 이야기를 기록에 남기기를 좋아하였다. 이들 견문기록에는 윤회인과에 대한 내용도 많이 나타난다.

육도윤회와 인과보응의 사례를 기록한 문인의 저작 가운데에 청나라 이후의 것만을 꼽아 보더라도 꽤 많은 기록을 발견할 수 있다.

그 몇몇을 적어보면, 동함董含의 『순향췌필蓴鄕贅筆』, 왕사정의 『지북우담』·『향조필기』, 기윤의 『열미초당필기』, 제학구齊學裘의 『견문수필』, 양공진梁恭辰의 『권계록』, 유월俞樾의 『우대선관필기』, 진우탁陳虞鐸의 『우탁필기』 등을 들 수 있다.

위의 한단 사람 후이의 사례는 이들 여러 저작 가운데에서 왕사정의 『향조필기』 기록 가운데 하나를 가려 뽑은 것이다.

개로 태어나 빚을 갚다

중생은 온갖 죄를 지어
모두가 괴로움의 과보를 받는도다.
그러므로 마땅히 죄업을 멀리하여
언제나 즐거움의 과보를 구하여라.

작은 죄라도 잘 지키지 않으면
모두가 나쁜 갈래에 태어나는 원인이 된다.
마치 저 미소微小한 불길이
능히 산을 태우는 것과 같다.

－『제법집요경』

I

앞에서는 업보로 인해 축생의 몸을 받게 된 사례 중에 세상의
사대부들이 기록하여 놓은 것을 한 편 살펴보았다. 여기에서
는 불문佛門 안에서 기록한 것을 한 가지 살펴보기로 한다.

윤회전생과 선악인과의 사례를 기록한 책 가운데에 불문에
서 만들어진 것도 매우 많은데, 청나라 이후의 저술 몇 가지만
살펴보면, 우익지욱藕益智旭의『견문록見聞錄』, 회산계현晦山戒
顯의『현과수록現果隨錄』, 홍찬재삼弘贊在犙의『육도집六道集』,
정복보丁福保 거사의『육도윤회록六道輪廻錄』, 유명재俞明哉 거
사의『인과윤회실록因果輪廻實錄』등을 들 수 있다.

아래에서 살펴볼 내용도 앞 사례와 유사한 것으로 죄업을
지어 축생의 몸을 받은 이야기에 관한 것이다. 이는 홍찬재삼
(1611~1685) 대사가 지은『육도집』의 권4에 실려 있는 것으
로, 대사가 살던 지방에서 일어난 일을 친히 듣고서 적어 놓은
것이다.

II

광동성 북쪽 소주韶州의 곡강현曲江縣에 있는 유촌劉村이
라는 마을에 살고 있는 유씨劉氏 집에서 명나라 숭정(崇禎,
1628~1644) 말년에 일어났던 일이다.

유씨 집에서는 수년째 수캐 한 마리를 키우고 있었다. 하루는 그 수캐가 부엌으로 들어가기에 유씨의 처는 개가 음식 훔쳐 먹는 것을 염려하였다. 그리하여 나무국자로 개의 머리를 때렸는데 그만 개가 죽어버렸다.

그날 밤 죽은 개가 집주인인 유씨의 꿈에 나타나 말하였다.

"저는 숙부의 조카입니다. 이전에 숙부에게서 은전 여덟 닢을 빚졌습니다. 그로 인해 숙부님의 집에 태어나 줄곧 집을 지켜왔는데, 이제 빚을 갚는 일이 끝났습니다."

집주인 유씨는 잠에서 깨어났으나 그 일이 믿겨지지 않았다. 그런데 다시 잠이 들었는데 앞과 꼭 같은 꿈을 꾸었다.

다음날 이른 아침 유씨는 죽은 개를 들고 뒷산에 가 묻어주었다. 이날 밤 죽은 개가 다시 유씨의 꿈에 나타나 말하였다.

"저를 뒷산에 묻어주시니 숙부님의 큰 은덕을 입었습니다. 그렇지만 마을의 모인某人이 저를 훔쳐다 먹다가 아직 다 먹지 못하였습니다. 다리 하나가 남았는데 부엌 솥 위에서 말려지고 있습니다."

다음날 아침 일찍 유씨가 뒷산에 올라가 살펴보니 과연 묻은 개가 도둑을 맞아 그곳에 없었다. 꿈에서 죽은 개가 알려준 집을 찾아가 물어보니 집주인이 처음에는 선뜻 인정하지 않았다.

이에 유씨가 "아직 한쪽 다리가 남아 부엌의 솥 위에 걸려 말려지고 있을 텐데요" 하면서 아울러 죽은 개의 지난 이야기들을 들려주었다. 그러자 마을 사람은 무척 놀라고 두려워하면서 부끄러운 마음으로 거듭 사과하기를 그치지 않았다.

이는 내(홍찬)가 친히 듣고서 기록하는 것이다. 경전에서 말씀하시길, "일체중생은 다섯 갈래 가운데에 윤회하면서 서로 바꾸어 가며 권속이 된다" 하니 이 말씀은 헛된 것이 아니다.

지금 사람들이 기르는 가축은 혹은 빚을 지고 찾아와 갚는 것이거나, 혹은 집안을 사랑하기에 찾아와 태어난 것이다. 다만 범부의 눈으로는 이들을 알아 볼 수 없으니, 이들이 나의 권속이 아니라고 그 누가 이야기할 수 있으리오? 이러함에도 사람들은 그들을 죽여서 먹으니 지극히 슬픈 일이로다.

돼지로 태어난 황보천

어리석은 사람이 애욕에 미혹되어
남에게 손해를 끼치니
보시와 지계의 인因을 닦지 않았기에
훗날 축생의 과보를 받으리라.

애욕의 밧줄에 묶이어
다섯 감관이 어리석은 벙어리 같고
분하고 한스럽고 미운 마음 품으니
뒷날 축생의 과보를 받으리라.
－『제법집요경』

I

일찍이 각음(覺音, 붓다고싸) 존자는 『선견율비바사善見律毘婆沙』 권12에서 꿈의 종류를 다음과 같이 네 가지로 구분하여 설명한 바 있다.

"꿈에는 네 가지가 있다. 첫째는 '사대불화몽四大不和夢'이니, 사대가 조화롭지 못하여 일어나는 것으로 이는 허망한 것이다.
둘째는 '선견몽先見夢'이니, 낮에 보았던 것을 밤에 꿈으로 보는 것으로 이도 또한 진실하지 않은 것이다.
셋째는 '천인몽天人夢'이니, 선악길흉의 일을 꿈에서 천인이 알려주는 것으로 이는 진실한 꿈이다.
넷째는 '상몽想夢'으로, 과거의 선악에 의해 스스로가 미래에 일어날 선악을 보는 것이니 이 또한 진실한 것이다."

죽은 사람이 살아 있는 사람의 꿈에 나타나 일러주는 것을 '탁몽'이라 한다는 것은 앞에서 살펴본 적이 있다. 여기에서도 이러한 탁몽을 통하여 죽은 이가 살아 있는 가족에게 의사를 전달한 사례를 더 살펴보기로 한다. 이는 『법원주림』 권74에 기록되어 있는 것이다.

II

수나라 대업大業 8년(612)의 일이다. 의주성宜州城[25] 동남쪽으로 40여 리쯤에 황보皇甫라는 성을 가진 한 집안이 있었다.

그 집에는 4형제가 살고 있었다. 큰형과 작은 아우들은 모두 부지런히 생업에 종사하며 인자하고 효성스러웠는데, 유독 그 둘째 아우 천遷은 나쁜 벗과 사귀어 놀면서 집안일은 돌보지 않았다.

어느 날 집의 모친이 시장에 가서 물건을 사려고 돈 60전을 꺼내어 잠시 탁상 위에 놓아두고서 집 뒤로 갔다. 그때 둘째 천이 밖에서 집으로 돌아왔다가, 좌우에 아무도 없는 것을 보고서 곧 그 돈을 훔쳐 밖으로 나가 모두 써버렸다.

모친이 돌아와 돈을 찾았지만 이미 돈은 없었다. 둘째 아들이 갖고 간 것을 모르고서 온 집안사람들을 불러 물어보았으나 모두가 갖고 가지 않았다고 대답하였다.

이에 모친은 집안을 맑게 다스리지 못한 것을 한탄하며 곧 남녀노소를 모두 매로 때려 다스렸다. 이에 온 집안사람들은 그 일에 대하여 원망의 마음을 품었다.

그런데 다음 해에 천이 죽고 말았다. 천이 죽고 몇 달 후에

---

25 현재 서안시에서 북쪽으로 약 100리의 거리에 있었던 지명이다.

집에서 키우던 돼지가 새끼를 낳았다.

다시 2년의 시간이 흘러 팔월 사공절社公節[26]이 되었다. 마침 집에서 돈이 필요하여 먼 마을의 사관(社官: 사공절의 제사를 주관하는 관리)에게 600전의 돈을 받고 그 돼지를 팔았다.

사관이 돼지를 끌고 간 날 밤, 돼지는 온 집안사람의 꿈에 나타나 알렸다. 먼저 천의 부인에게 꿈속에 나타나 이야기하였다.

"나는 그대의 남편이오. 내가 모친의 돈 60전을 훔친 일로 인해 온 집안사람들이 억울하게 고초를 겪었기에 나는 돼지가 되어 빚을 갚고 있소. 지금 나를 사관의 집으로 팔았기 때문에 사관이 나를 묶어 죽이려고 하고 있소. 그대는 나의 아내인데 어찌 가만히 보고만 있소?"

부인이 첫 꿈을 꾸고 잠에서 깨어 마음으로 놀라워하였으나 그래도 믿기지 않았다. 다시 잠이 들었는데 또 같은 꿈을 꾸었다.

부인은 놀라 일어나서 옷을 입고 안방으로 가서 시어머니에게 알리고자 하였다. 그런데 시어머니도 이미 그와 같은 꿈

26 사공절: 고대에 중국에서 토지신인 사공社公을 제사 지내던 날이다. 매년 음력 8월 2일을 토지신인 사공의 생일로 여겨 이날 성대하게 제사를 지내며 기후의 순조로움과 곡식의 풍년을 기원하였다.

을 꾸고 일어나 앉아 있었고, 아이들도 같은 꿈을 꾸었다고 이야기하였다.

그날 밤에 모친은 죽은 천의 형과 천의 아이에게 1,200전의 돈을 주면서 얼른 사관이 사는 마을로 떠나게 하였다. 떠나기 전에 이렇게 당부하였다.

"저 사관이 만약 선뜻 놓아주지 않는다면 값을 배로 쳐주면서 간구하여라. 날이 밝으면 죽일지도 모르니 어서 속히 가거라!"

이에 이들은 말을 타고 달려 급히 사관의 마을로 향하였다. 천의 아들이 먼저 도착하였으나 집안을 욕되게 할 것을 우려하여 자기의 아버지라는 이야기는 하지 못하고서 다만 이렇게 말하였다.

"돼지를 죽이지 말아주십시오. 지금 다시 사서 데리고 돌아갈 수 있기를 당부 드립니다."

그러나 사관은 막 그 돼지를 잡으려고 하던 터라, 이 말을 탐탁하게 여기지 않고 이렇게 말하였다.

"사공에게 제사 지낼 시간이 다가왔으므로 이 돼지를 그대들에게 돌려줄 수 없소."

천의 형과 아들은 재삼 간청하였으나 사관은 끝내 돌려주지 않았다. 이들은 사관이 돼지를 죽일까봐 많이 두려웠다.

사공절에 돼지를 잡아 제사 지내는 풍습을 묘사한 그림
(출처: 每日頭條)

마침 인근에 아는 사람이 한 명 있었는데, 그는 신뢰와 공경을 받는 사람으로 일찍이 현령을 지내기도 했다. 그리하여 그 사람에게 사실대로 낱낱이 이야기를 들려주어 그의 주선으로 비로소 돼지를 되살 수 있었다.

돼지를 돌려받아 들판으로 몰고 가면서 형이 돼지에게 말하였다.

"네가 만약 나의 동생이라면 어서 앞장서서 집으로 돌아가자."

천의 아들도 다시 돼지에게 말하였다.

"참으로 저의 아버지라면 마땅히 스스로 앞장서서 집으로 돌아가십시오."

돼지는 이 말을 듣고 재빨리 달려 앞장서서 집으로 돌아왔다.

이후 시간이 흘러 향리의 사람들이 이 사실을 다 알았으므로 천의 자제들은 부끄러웠다. 또한 이웃 사람들도 저들을 돼지의 자식이라고 비방하였다. 이에 천의 자제들이 돼지에게 말하였다.

"아버지는 지금 착하지 못한 업을 지어 이렇게 돼지의 몸을 받았습니다. 저희들은 부끄러워 차마 밖에 나갈 수가 없습니다. 아버지는 평소에 저 어진 사람 서씨와 교분이 두터웠으니,

아버지가 저 집에 가 계시면 저희들이 음식을 보내어 받들겠습니다."

돼지는 이 말을 듣고 눈물을 흘리며 서씨의 집을 향하여 갔다. 서씨의 집은 거기서 40여 리쯤에 있었다. 대업 11년(615)에 그 돼지는 서씨의 집에서 죽었다.

업보란 가깝고 먼 것을 가리지 않으며 눈앞의 일처럼 환히 밝은 것임을 분명히 알 수 있으니 어찌 삼가지 않을 수 있겠는가?

장안 홍법사의 정림 대사[27]는 속가가 천의 이웃 마을이기에 예전에 친히 그 돼지를 보았다. 그리하여 나(도세)에게 이 이야기를 자세히 들려주었다.

---

27 정림(靜琳, 565~640)은 장안의 홍법사弘法寺에 머물며 교화에 힘써 왕족과 대신을 포함한 많은 이들의 귀의를 받은 당대의 고승이다. 『속고승전』권20에 자세한 전기가 실려 있다.

경주 이씨 팔별집의 유래

그대 오래 살고 싶으면 내 이야기를 들으라.
모든 일은 모름지기 자기에게서 찾아야 한다.
만약 오래 살고자 한다면 모름지기 방생을 하라.
이는 천지만물 순환의 큰 도리이다.

그들이 죽을 때에 그대가 살려주면
그대가 죽을 때에 하늘이 구해주리라.
오래 살고 자식 얻는 데에는 다른 방도가 없다.
오직 살생을 금하고 생명을 놓아줄 뿐이로다.

- 회도인回道人 방생시

I

인과가 이루어지는 범위는 넓고 그 결과는 예측하기 어렵다. 인과의 세계는 온갖 모습으로 전개되나니 혹은 인간과 인간의 관계 속에서, 혹은 인간과 동물의 관계 속에서, 혹은 산 자와 죽은 자의 관계 속에서 그 모습이 펼쳐진다.

불교는 인간 중심의 세계관이 아닌 일체중생 평등과 만물존엄의 생명관을 갖고 있다. 그리하여 사랑과 존중과 받듦의 대상이 인간을 넘어 온 생명에 미친다. 불교에서 인과관계의 범위는 모든 생명체로 확장되어 전개되나니, 사람이 동물이나 자연에 대하여 은덕을 베풀면 그들은 어떠한 방식으로든 인간에게 보답한다.

고래로 물고기나 짐승이 사람의 꿈에 나타나 살려달라고 하거나 도움을 요청하는 이야기가 많이 전한다. 그러한 이야기들은 단순한 전설이 아니라 고대의 기록 속에서 종종 접할 수 있다. 여기에서는 그 역사적 진실성이 높은 사례 하나를 살펴보기로 한다.

한국의 성씨 가운데 가장 많은 인구를 가진 씨족 가운데 하나가 경주 이씨 집안이다. 그 경주 이씨의 여러 문중 가운데에 팔별八鼈집은 특이한 집안 내력을 갖고 있다.

먼저 조선 중기의 사대부 김시양金時讓이 지은 『부계문기涪

김시양이 지은 부계문기
(출처: 한국민족문화백과대사전)

溪聞記』이라는 책을 통하여 그 내용을 살펴보기로 하자. 김시양은 1605년의 과거에 급제한 선비이며, 이 사례의 주인공 집안에 장가든 인물이다.

Ⅱ

현령을 지낸 이공린李公隣은 감사를 지낸 이윤인李尹仁의 아들로, 세종대왕 때의 명신이며 사육신의 한 사람인 참판 박팽년(朴彭年, 1417~1456)의 딸에게 장가들었다.

혼인하던 날 밤에 기이한 꿈을 꾸었는데, 늙은이 여덟 명이 찾아와서 절하고 말하기를, "저희들이 죽게 되었는데 공께서 만약 저희들의 목숨을 살려주신다면 후하게 은혜를 갚겠습니다"라고 하였다.

172

아침에 일어나 이공린은 부인에게 꿈속의 일을 이야기하였다. 부인은 집에서 새 사위에게 주려고 자라 여덟 마리로 국을 끓이려 하고 있다고 일러주었다. 이에 부부는 상의하여 이들 자라들을 즉시 강물에 놓아주라고 시켰다.

그런데 자라 한 마리가 달아나는 것을 어린 하인이 삽을 가지고 잡다가 잘못하여 그 목을 끊어서 죽이고 말았다. 나머지 일곱 마리는 강에다 놓아주었다.

그날 밤에 또 꿈을 꾸니 이번에는 일곱 명의 늙은이가 찾아와서는 살려주어서 고맙다고 인사하였다.

뒤에 이공린은 아들 여덟 명을 차례로 낳았다. 이름을 이오李鼇·이구李龜·이원李黿·이타李鼉·이별李鼊·이벽李鼊·이경李鯁·이곤李鯤으로 하였으니, 이 모두는 자라와의 인연을 나타낸 것이었다.

이 가운데 둘째 아들 이구[28]와 셋째 아들 이원[29]은 과거의 문

---

28 이구李龜는 성종 23년 문과에 급제하고 좌랑이 되었으나 동생 원의 화에 연루되어 유배되었다. 중종반정 후 다시 기용되어 교리校理·승지·판결사判決事를 역임하고 훗날 충주목사가 되었다.

29 이원李黿은 성종 20년 식년문과式年文科에 급제하고 호조좌랑이 되었다. 무오사화 때 봉상시奉常寺에 재직하면서 김종직에게 문충文忠이란 시호를 주자고 건의한 일로 인하여 1504년의 갑자사화 때 참형되었다.

과에 급제하였고 다른 아들들도 모두 재주와 명망이 있어서 사람들이 순씨팔룡荀氏八龍[30]에 비유하였다.

셋째인 이원의 자는 낭옹浪翁이니, 행의行義와 문장이 뛰어나 여러 아들 가운데에서도 가장 세상에서 추앙을 받았다. 그러나 점필재 김종직(金宗直, 1431~1492)의 문인으로서 갑자사화에 연루되어 참형을 당하니 그 꿈의 징험이 더욱 현저하였다.

지금까지도 이씨는 자라를 먹지 않는다. 내(김시양)가 이씨에게 장가들었는데, 아내인 이씨는 낭옹浪翁 이원의 현손(玄孫: 오대손)이므로 그 일을 매우 자세히 들어 잘 알고 있다.

III

위의 일을 기록한 김시양(1581~1643)은 선조 38년(1605) 정시 문과에 급제한 후 경상도 관찰사와 병조판서를 역임하였다. 전적과 경사經史에도 밝았으며 『하담파적록荷潭破寂錄』·『부계문기』 등의 저술이 있다.

---

30 중국 후한後漢 환제桓帝 때의 문신인 순숙荀淑의 여덟 아들을 이른다. 이들 아들의 이름은 순검荀儉·순곤荀緄·순정荀靖·순도荀燾·순왕荀汪·순상荀爽·순숙荀肅·순전荀專으로 모두가 훌륭했기 때문에 세상에서 이들을 함께 불러 '순씨팔룡'이라 하였다.

그러한 김시양이 마침 팔별집의 후손에게 장가들어 그 집안 내력을 잘 알게 되었기에 그 기이한 가문의 역사를 이렇게 기록으로 남긴 것이다.

이 이야기는 또한 여러 다른 기록에도 담겨 있다. 조선 후기의 실학자 이긍익(李肯翊, 1736~1806)이 지은 『연려실기술燃藜室記述』에도 "지금도 이씨들은 자라를 먹지 않는다"는 제목으로 이 사실을 기록하고 있으며, 조선 말기의 문신 이유원(李裕元, 1814~1888)이 지은 『임하필기林下筆記』에서도 "자라를 살려주고"라는 제목으로 이 내용을 적고 있다.

한편 이 이야기는 경주 이씨 집안에서 대대로 전해져 내려와 팔별八鼈의 후손들이라면 누구나 잘 알고 있는 내용이기도 하다.

경주 이씨 중앙화수회의 자료집이나 경주 이씨 씨족사에서도 이 내용을 자세히 적어 전한다. 이들 자료의 끝에는 이렇게 적고 있다.

"이로부터 17대가 지났으나 아직도 자라를 먹지 않으니, 팔별을 자라의 환생으로 숭봉하는 가통 때문이리라."

들장어가 목숨을 애걸하다

생명을 놓아주는 일이 비록 작은 일이나
한량없는 숨은 공덕이 그 가운데 있네.
일 년이면 천 가지 복을 쌓고
십 년이면 만 가지 공덕을 기르네.

그물에 걸려 액난 만나
장차 끓는 물속에 던져지려 하네.
형장에 임하여 사면 만나니 은덕이 무량함에
저들 목숨도 길어지고 그대 목숨도 융숭하여지네.

−『수광선사게壽光禪師偈』

I

아래에 살펴볼 이야기는 「경주 이씨 팔별집의 유래」와 비슷한 내용의 것으로, 명나라 말엽의 고승 운서주굉 대사가 그의 저술 『운서법휘』에 기록한 것이다. 항주에서 있었던 이 일은 일생을 항주에서 살던 대사가 보고 듣고서 기록으로 남긴 것이다.

운서주굉(雲棲袾宏, 1535~1615) 대사는 명말 사대고승의 한 분으로 꼽히며, 아울러 정토종의 제8조祖로 추앙받는 일대의 선지식이다.

대사는 염불수행과 작복공덕을 널리 제창한 것으로 잘 알려져 있으며, 세상에서는 '운서 대사' 혹은 '연지蓮池 대사'로

명말 4대고승의 한 분이자
정토종 제8조 연지대사

불렀다. 대사가 지은 많은 저술이 한국어로도 번역되어 있다.

II

만력萬曆 9년(1581)에 있었던 일이다. 항주의 호서湖墅 마을에
우씨于氏 성을 가진 노파가 홀로 살고 있었다. 옆집에 도둑이
든 일이 있었는데, 시집 간 딸이 소식을 전해 듣고 찾아왔다.
모친에게 문안 인사를 올리며 아울러 선물로 선어鱔魚[31] 열 마
리를 드렸다.

선어(들장어)가 목숨을 구
걸하는 고사 그림

노파는 이 선어들을 물 항아리에
넣어두고서 기르고자 하였는데, 시
간이 흐르면서 그만 그 일을 잊어버
리고 말았다.

그 후 어느 날 밤 꿈에 노란 옷을
입고 뾰족한 모자를 쓴 사람 열 명이
찾아와서는 바닥에 꿇어앉아 살려
달라면서 애절히 빌었다.

노파는 꿈에서 깨어나 여러모로

---

31 달리 황선黃鱔이라 부르고 진만(田鰻: 들장어)이라고도 부른다. 일종의
담수어淡水魚로 중국에서 식용으로 많이 쓰인다. 선어의 체형은 장어와
비슷하나, 장어가 흰색을 띠고 있다면 선어는 노란색을 띠고 있다.

궁리하여 보았지만 그 사연을 알 수 없었다. 그리하여 점쟁이를 찾아가 물어보기로 하였다.

점쟁이는 점을 치더니 이렇게 말하였다.

"마땅히 집안 어디에선가 산 생명들이 죽지 않으려고 자기들을 놓아주길 바라고 있습니다."

이에 집안을 두루 찾아보니 항아리 안에 큰 선어들이 들어 있었고 세어보니 정확하게 열 마리였다. 노파는 크게 놀라 하면서 이들을 바로 놓아주었다.

모든 방생은 혹은 복록을 늘리고, 혹은 수명을 더하며, 혹은 급난을 면하게 하고, 혹은 오랜 병에서 일어나게 한다.

선업을 지으면 길상을 부르지만, 그러나 불도를 수행하는 이들의 마음이 어찌 보답을 바라겠는가? 그런데 보답을 바라지 않지만 보답은 절로 이르나니 인과의 도리는 필연적인 것이다.

선인의 아들이 다시 찾아오다

복은 과거와 현재, 미래의 이익이니
나의 성품이 사랑할 바로다.
그림자가 언제나 몸을 따르듯
저 복업은 잠시도 나를 떠나지 않는다.

마땅히 청정한 계율을 굳게 지키고
널리 복덕의 행업을 숭상하여라.
낮과 밤으로 언제나 이어지게 할 것이니
강물이 흐르듯 끊어짐이 없게 하여라.

-『제법집요경』

I

아래에서 살펴볼 두 가지 이야기는 다소 불가사의한 일에 속한다. 금생에 죽은 사람에게 어떤 표식을 남겨놓았는데, 다음 생에 그대로 그 표식을 갖고 태어나는 것이다. 그런데 지난날의 기록을 살펴보면 이런 일도 많이 발생하였음을 알 수 있다.

먼저 청나라의 사대부 황인黃印이 지은 『작천록酌泉錄』 속의 이야기 하나를 살펴보자. 황인은 강소성 무석無錫 사람으로 건륭제 때의 인물이다.

II

진췌陳萃의 호는 집지集之라 하였는데 어릴 때 부친을 여의었다. 집안이 매우 가난하였지만 성품이 독서를 좋아하고 아울러 좋은 일을 많이 지었다.

두씨杜氏 성을 가진 이를 처로 맞아 아들을 하나 낳은 후 이름을 선재善才라 지었는데, 매우 총명하였다. 그러나 선재는 일곱 살이 되던 해에 천연두에 걸려 죽고 말았다.

진췌는 매우 슬퍼하며 묵으로 죽은 아이의 왼쪽 허벅지 위에 하나의 표식을 한 뒤 기도하였다. "네가 우리 집안에 다시 태어나주기를 바란다."

이로부터 밤마다 통곡하며 죽은 아들을 잊지 않았다. 그러던 어느 날 밤 꿈에 선재가 찾아와 말하였다.

"제가 이 집안에 다시 태어나는 것이 이미 정해진 때가 있습니다. 부친은 슬프게 울지 마십시오."

신축년(1721) 상원날 밤에 다시 꿈을 꾸었다.

"제가 다시 왔습니다."

그날 밤 과연 아들을 낳았는데 왼쪽 허벅지 위에 묵으로 된 표식이 있었다.

이 아들은 이름을 균당筠堂이라 하였는데 훗날 관찰사가 되었다. 관찰사는 항상 말하였다.

"우리 독서인(유학자)들은 윤회를 믿지 않으면서 윤회의 허다한 증거를 거짓이라 한다. 그러나 실제로는 윤회인과가 천 번 진실하고 만 번 엄연한 것이다."

조선의 왕자로 다시 태어난 관춘

목숨은 오래 머물지 않으니
순식 찰나간이로다.
저 악의 인연을 끊고
언제나 여러 선을 받들어 행하여라.

수명이 견고하지 않음과
모두는 마음으로 말미암아 만들어지는 것을 잘 알라.
마땅히 바른 행에 의지하고
그릇된 삶을 구하지 말라.

– 『제법집요경』

I

절강성 영파부寧波府의 관춘管春 부부는 금릉에 머물면서 짚
신을 삼아 팔았다. 이들 부부는 자식이 없었기에 매일 버는 돈
에서 필요한 만큼만 쓰고 나머지는 우물 속에 던져두었는데,
달이 가고 해가 지나도 개의치 않았다.

그때 스님 한 분이 찾아와서는 백금百金을 구걸하였다. 관
춘은 말하였다.

"저는 짚신을 삼아 하루하루 배를 채우고 있습니다. 어디에
그런 돈이 있겠습니까?"

스님이 말하였다.

"다만 기꺼이 베풀기만 한다면 곧 그 돈은 있을 것이오."

관춘은 말하였다.

"기꺼이 그렇게 하겠습니다."

스님은 사람을 사서 우물을 퍼낸 다음 백금을 얻어 길을 떠
났다.

그러나 훗날 관춘은 벼락을 맞아 죽었다. 그때 금릉에 주
원개朱元价라는 이름의 서생이 있었는데, 붉은 먹으로 관춘의
등에다가 '佛不仁'(부처님은 인자하지 못하다)이라는 석 자를
썼다.

주원개는 그 뒤 과거에 급제하고 관직이 예부상서의 지위

에까지 올랐다. 칙명으로 조선에 사신으로 가 조선왕을 책봉
하게 되었는데, 왕의 성은 이씨요 이름은 종(倧: 조선의 제16대
왕 인조仁祖의 이름)이었다.

조선의 왕이 주원개에게 말하였다.

"내가 아들 하나를 얻었는데 지금 여러 해가 지났지만 말하
거나 웃지 않습니다. 그리고 등에 붉은 글씨가 있는데 무슨 일
인지 모르겠습니다."

이에 주원개는 왕자를 안고 나오게 하였다. 왕자의 등에는
금릉에서 벼락을 맞아 죽은 관춘의 등에 쓴 "佛不仁불불인" 석
자가 쓰여 있었다. 주원개는 탄식하며 말하였다.

"내가 너를 억울하게 만들었다."

그러자 왕자는 홀연히 말하고 웃었다. 이에 주원개는 왕에
게 지난날의 인연을 들려주었다.

찬(贊: 이 글의 저자 홍찬 대사)은 나이가 어릴 때에 세속에서
친히 이 이야기를 들은 적이 있다. 그러나 관춘과 주원개 두
사람의 이름은 잊어버렸다.

그러다가 강희 19년(1679) 찬의 나이 70에 금릉에 이르러
보은탑報恩塔을 참배할 적에 하남의 주혼원周混源 거사를 만났
는데, 거사의 부친과 조부는 명나라 때에 모두 조정에서 일하
고 있었다.

그리하여 주혼원 거사는 그 일을 상세히 들어 알고 있었다. 아울러 조선 왕이 주원개에게 준 서첩을 보기도 하였는데, 그 서첩의 종이는 광택이 나고 견고하고 두꺼웠으며 무겁기가 옥판玉版과 같았다고 했다.

아는 사람은 이르기를, 이러한 일은 관춘이 복을 베푼 바의 소치라고 한다. 관춘이 겪어야 할 후생의 악보惡報를 금생의 한 몸으로 모두 갚고서 왕자의 몸이 되었으니, 이는 즐거운 일이 아니겠는가?

II

위 이야기는 청나라 홍찬(弘贊, 1611~1685) 대사의 『육도집』에 실려 있는 것이다. 위와 비슷한 이야기 한 편이 세상에 전해지기는 하지만, 그 근거가 명확하지 않은 데 비해 이 사례는 정확한 논증을 갖고 있는 것이다.

우리는 세상에서 착한 사람이 억울한 일을 당하는 것을 많이 본다. 홍찬 대사의 이 사례를 통해서 그러한 일들도 모두 인과에 속하며, 인과보응은 추호도 어긋남이 없다는 것을 잘 알 수 있다.

왕순의 선량한 마음

오곡을 심음에 벼를 뿌려 벼를 얻고
콩을 뿌려 콩을 얻는 것과 같이,
사람이 선업을 지으면 선과善果를 얻고
악업을 지으면 악과惡果를 받는다.

- 『분별선악소기경』

I

왕순王恂은 광한군廣漢郡의 신도현新都縣[32] 사람이다. 일찍이
볼일이 있어 도읍인 낙양으로 올라가다가 어느 빈집에서 하
룻밤 묵게 되었다.

---

32 광한廣漢은 사천성에 있던 군의 이름이며, 신도新都는 광한군에 속한 현
의 하나로 지금의 성도 부근에 위치하고 있다.

마침 그 빈집에는 한 서생이 병에 걸려 누워 있었다. 왕순이 연민의 마음으로 바라보자, 그 서생이 말하였다.

"나의 허리 밑에 금 열 근이 있으니 이 금을 팔아 내가 죽은 후에 나를 좀 묻어주시오."

성씨와 이름을 채 묻기도 전에 그 서생은 숨을 거두고 말았다. 이에 왕순은 물려받은 열 근의 금 가운데에서 한 근을 팔아 장례를 치루고 나머지 금은 모두 도로 관 밑에 놓아두었다.

훗날 왕순은 고향에 돌아와 대도大度라는 향리鄕里의 정장(亭長: 지금의 파출소장에 해당)이 되었다. 처음 부임하던 날의 일이다. 느닷없이 말 한 마리가 나타나 치닫더니 관사로 들어와 멈추어 섰다. 또한 홀연히 큰 바람이 일더니 아름다운 수를 놓은 이불 한 채가 왕순 앞에 떨어졌다.

왕순이 말과 이불을 상부기관인 현縣에 보내면서 일어난 일을 보고하자, 현에서는 이들을 다시 왕순에게 돌려보냈다.

그 후의 일이다. 어느 날 왕순이 그 말을 타니 말이 치달아 달려서는 어떤 집으로 들어갔다. 그런데 그 말은 원래 이 집에서 키우던 것이었기에 주인이 보고서는 소리쳤다.

"이제야 도둑을 잡았다!"

왕순이 말과 이불을 얻게 된 지난날의 일을 들려주니 주인이 말하였다.

"어느 날 이불이 회오리바람에 날려가고 말마저 같이 없어졌는데, 그대는 어떠한 음덕이 있어 이 두 가지를 갖게 되었습니까?"

이에 왕순은 죽은 서생을 묻어준 옛일들을 이야기하고 묻어준 서생의 생김새와 금을 묻은 장소를 들려주었다. 주인은 크게 놀라더니 울부짖었다.

"그 서생은 바로 저의 아들입니다. 성은 김金이요, 이름은 언彦인데 경께서 묻어주셨구려. 큰 은덕을 오래도록 갚지 못하였는데 하늘이 이렇게 경의 덕을 드러내는군요."

이렇게 하여 서생의 아버지는 왕순과 함께 자식의 유골을 옮겨와 상례를 치르고 남은 금은 모두 왕순에게 주었다. 이로 말미암아 왕순의 이름은 세상에 알려지게 되고, 훗날 수재秀才[33]로 천거되어 미현郿縣의 현령이 되었다.

II

위의 내용은 후한(25~220)의 역사를 기록한 중국의 정사 『후한서』 권81 「독행열전獨行列傳」에 실려 있는 것이다.

---

[33] 수재는 한대漢代에 행해졌던 관리채용 방법의 하나이다. 주로 현령에 임명되니 상당한 직위가 주어지는 채용등급이었다고 할 수 있다

왕순의 전기는 꽤 유명하여 고대사회의 저명한 저술인『몽구蒙求』에도 수록되어 있다.『몽구』는『천자문』·『사자소학』·『명심보감』등과 함께 전통사회에서 어린아이들의 교육을 위한 교재로 많이 쓰인 책이다.

죽은 이가 은혜에 보답한다는 것은 우리 불문에서는 흔한 일이다. 영혼불멸과 인과보응을 기조로 하는 불교의 관점에서 볼 때에 원한을 가진 혼령이 보복을 한다든가, 은덕을 입은 영혼이 보답을 한다는 이야기는 일반적인 것이다.

또한 이러한 내용들은 지난 수천 년의 역사 속에서 많은 사례들이 기록되어 전해 내려온다. 아래에서도 이 사례와 유사한 사례 한 가지를 더 살펴보도록 한다.

아들로 태어나 은혜를 갚은 만공진

복은 선업으로부터 생겨나니 다른 길이 없다네.
화는 악업으로 인하여 쌓임이니 자연스러운 이치로다.
밝고 밝은 과보는 어긋남이 없으니
저 어리석은 이는 스스로 고치지 않는구나.

부귀와 빈궁이 각각 유래가 있어
지난 인연으로 결정된 것이니 억지로 구하지 말라.
사람들은 일찍이 봄날에 씨앗 뿌리지 않고서
황량한 들판 지키며 가을이 오기를 기다리네.

-『십육대아라한인과식견송』

I

강소성 태호太湖 서안의 의홍宜興 땅에 살고 있는 효렴孝廉[34] 만념재萬念齋 선생은 모친을 섬김에 지극히 효성스러웠다.

그러나 집안이 매우 가난하여 일찍 가정도 꾸리지 못하고 만씨 문중의 종사(宗祠: 조상을 제사 지내는 문중의 사당)에 살면서 학업을 이어나갔다.

만념재 선생은 육의인陸依仁 선생과 벗이 되어 지냈다. 어느 해 조정의 과거시험에 응하기 위해 이들은 함께 길을 떠났다. 그런데 이들이 먼 길을 지나 산동에 이르렀을 때, 육의인 선생은 그만 병에 걸려 더 이상 길을 갈 수 없게 되었다.

염재 선생은 머무는 여관에서 탕약을 달여 먹이면서 정성껏 병구완을 하였지만 열흘이 지나도록 차도가 없었다. 과거시험의 기일이 다가오자 의인 선생은 염재 선생에게 어서 경성으로 올라가 시험을 보라고 재촉하였다.

그러나 염재 선생은 차마 병든 벗을 내버려두고 떠날 수 없어 곁을 지키다가 그만 시험을 놓치고 말았다. 그러다가 의인 선생은 자리에서 일어나지 못하고 여관에서 숨을 거두

---

34 조정에서 관리를 선발하는 하니의 빙식이나. 수위의 천거를 통하여 박학다재한 이외에 부모에게 효순하고 행실이 청렴한 이를 선발하는 제도이다.

게 되었다. 임종할 때에 의인 선생이 염재 선생에게 이렇게 말하였다.

"그대의 은덕에 보답할 길이 없구려. 내 뼈를 거두어 고향으로 돌아가 준다면 나는 마땅히 그대의 아들이 되어 은덕에 보답하겠네."

그때 염재 선생의 모친은 집에서 병을 앓다가 위독해졌다. 집안사람들은 선생이 돌아오지 않으면 큰일을 당하여 모친을 어떻게 하나 하며 염려하였다. 이에 모친이 일렀다.

"걱정하지 말아라! 내 아들은 내일 육군陸君과 같이 집으로 돌아온다."

집안사람들은 겉으로는 "예" 하고 대답하였지만 속으로는 그 일을 의심하였다.

다음날 과연 염재 선생이 의인 선생의 관을 싣고 고향으로 돌아왔다. 그러자 모친의 병도 아울러 곧 나았다.

그로부터 2년 후의 일이다. 염재 선생의 부인이 둘째 아이를 임신하였는데, 몸을 풀기 전날 밤이었다. 염재 선생은 죽은 의인 선생이 포대 하나를 지고 찾아온 꿈을 꾸었다. 꿈에서 의인 선생이 말하였다.

"그대의 은덕에 보답하고자 내가 찾아왔네."

그리고는 곧 염재 선생의 부인이 몸을 풀었다. 이렇게 하여 둘째 아들을 낳으니 이가 곧 나의 벗 공진貢珍[35]으로, 훗날의 여문방백(荔門方伯: 여문은 공진의 자)이다.

염재 선생은 둘째 아들이 죽은 벗 의인 선생의 환생임을 잘 알았다. 그리하여 공진을 부를 때마다 늘 '작은 친구'라고 불렀다. 여문은 자라나 학교에 입학하였는데, 매우 총명하여 어떤 책이든 한 번 보면 모두 외울 정도로 영리하였다.

나(이 글의 저자인 제학구)는 열일곱 살 때 선친을 따라 의홍 땅에 머물면서 오성주吳星舟 선생의 집에서 염재 선생을 뵌 적이 있다.

여문은 나이가 들어 학궁(學宮: 지방의 고등학교)에 들어간 뒤 성주 선생의 자녀와 조카에게 글을 가르쳤다.

나는 먼저 여문의 형인 공료貢璆와 지란지교芝蘭之交를 맺었다. 이어 여문과도 가까운 벗이 되었는데, 서로 아침저녁으로 오고 가기를 거의 하루도 빠뜨리지 않았다.

훗날 여문은 효렴孝廉으로 천거되었다가 다시 과거에 급제

---

35 만공진萬貢珍: 자는 여문荔門으로 강소성 의홍 사람이다. 청나라 도광道光 연간(1820·1850)에 과거에 급제하고, 훗날 강서성의 포정사(布政使: 省의 행정장관)까지 지냈다. 난초와 대나무를 잘 그려 명성이 높았고, 시를 잘 지었으며 글씨에도 뛰어났다.

한 후 조정의 한림학사翰林學士[36]가 되었다. 그 뒤 외직으로 나와서는 방백(方伯: 지금의 도지사에 해당함)의 지위에까지 이르렀다. 염재 선생과 부인은 장수하여 아들이 방백의 관직에 오르는 것을 지켜볼 수 있었다.

II

이상은 청나라 말기의 문인인 제학구(齊學裘, 1803~?) 선생이 일생 보고 들은 것을 기록한 『견문수필』의 권9에서 자신의 친구 이야기를 적어놓은 것이다.

제학구 선생은 안휘성 무원婺源 사람으로, 관직에 나아가진 않았지만 시작詩作으로 이름을 떨쳤으며 서화에도 능하였다. 당시의 명사들과 폭넓게 교류하였고, 『초창시초』라는 문집을 남기기도 하였다.

선악인과의 내용이 많은 부분을 이루고 있는 『견문수필』의 자서自敍에서 선생은 이렇게 말하며 책을 짓게 된 연유를 설명한다.

---

36 천자의 곁에서 사서의 편찬, 조서의 직성, 황제의 시독, 과거의 고관考官 등의 일을 담당하는 관직이다.

"겨우 한 생각 선한 마음을 일으키면 몸은 곧 천당에 있게 되며, 한 순간 악한 마음을 품으면 곧 지옥에 떨어진다. 아! 사람은 능히 자신의 운명을 세워나가며 스스로 가히 하늘로 돌아갈 수 있다.

재앙의 바다는 끝이 없으니 모름지기 다리 헛딛기를 경계할 것이며, 하늘에는 밝고 밝은 눈이 있으니 정성된 마음을 저버리지 않는다.

세상의 도리에 어두워 헤매는 이는 맑은 밤의 이 범종 소리를 들으라. 이 이야기는 모두 나의 간절함에서 나왔으니, 노인의 고구정녕을 비웃지 말라."

방생공덕으로 살아난 아들

인자한 마음은
대인大人과 성인聖人이 품는 것
공덕이 두루하여 한량없다.

인자한 마음으로 살생하지 않고
언제나 몸을 잘 거두면
죽음이 없는 땅에 거하며
가는 곳마다 근심이 없으리라.

－『법구경』

1969년 부산 영도구 남항동에 살던 26세의 김정남 거사는 효성이 지극하였다. 집안이 워낙 가난하고, 심한 신경통으로 인해 누워서 지내야 했던 아버지 등 다섯 식구의 생계를 맡아 국민학교 때부터 남의 집 허드렛일을 해주며 받은 돈으로 가족을 봉양하였다. 17세가 되어 부산 사하구에 위치한 해동고등학교에 입학하였지만 더 이상 학업을 이을 수 없어 2학년을 마치고 중퇴하였다.

군에 입대하여 3년 복부를 마치고 다음 해에 리베리아 국적의 화물선 '시타델호'의 갑판원으로 취직하였으며, 배가 정박해도 돈을 쓰지 않고 악착같이 모아 매달 1백 달러를 한국으로 송금하여 가족을 부양하였다. 1968년은 필자의 나이 7세로, 당시 자장면 한 그릇 값이 50원이었다. 지금은 자장면이 5,000원 정도 하니. 당시 1백 달러는 지금의 1만 달러에 상당하는 거금이라 할 수 있겠다.

한편 어머니 강현희 불자는 부산 중구 대각사大覺寺 방생회의 회장을 맡으면서 많은 방생을 하였고, 방생할 때마다 "부디 우리 아들이 몸 성히 무사하게 한국에 돌아오게 해주옵소서."하며 기도를 올렸다.

김정남 거사가 어느 날 저녁, 휘영청한 달빛 아래 망망한 태평양을 바라보노라니 불현듯 고향 생각이 나서 술을 한잔 마시고 갑판 위에 앉아 노래를 부르고 있었다. 그런데 갑자기 배가 꿈틀하는 바람에 바다 속으로 굴러 떨어지고 말았다. 한밤중에 사람 하나 떨어진다고 해도 금방 알 수 없는 몇 만 톤의 큰 배였으므로 배는 배대로 가버렸고, 사람은 집채만 한 파도에 휩싸여 꼼짝없이 바닷물에 익사하게 된 절체절명의 상황이었다.

그는 처음에는 어떻게 해보려고도 하였지만 산도 삼킬 듯한 거센 파도를 인력으로는 도저히 이겨낼 수 없어 정신을 잃고 물에 잠겨버렸다. 그런데 기적 같은 일이 발생하였다. 얼핏 정신이 돌아와 눈을 떠보니 이상하게도 자신의 몸이 바닷물 위에 둥둥 떠 있는 것이었다.

그는 '참으로 기이한 일이다. 나는 분명히 갑판에서 바다로 떨어져 익사하였는데 어떻게 살아있는 것인가? 태평양 넓고도 깊은 바다 한복판에서 어떻게 죽지 않고 물 위에 떠 있는 것인가?' 하며 어리둥절하였다. 그리고 곧바로 무엇인가가 자신을 떠받치고 있음을 알 수 있었다.

마침 날이 밝아왔으므로 주위를 살펴보니 역시 자신은 망망대해에 떠 있었고, 자신을 떠받치고 있는 것은 다름 아닌 큰 거북이 한 마리였다. 그 거북이는 물속 깊숙이 들어가지 않고 등이 물 위에 나타날 정도로만 움직이고 있었으며, 또한 파도가 없는 곳으로만 찾아다녔다.

그는 그렇게 꼬박 사흘 동안을 거북이의 등 위에서 살았다. 이튿째 되는 날 멀리서 배 한 척이 지나가는 것을 보고 온 힘을 다해 "Help me!"를 외치며 윗옷을 벗어 흔들었지만 거리가 먼 탓에 그냥 지나쳐서 가버렸고, 3일 만에 한 척의 영국 상선을 만나 배에 오를 수 있었다. 그 후의 일이지만, 영국 선원들은 물에 빠진 사람이 살려달라고 구조를 청하는 것을 보고 배를 가까이 대었더니 웬 사람이 구명보트를 탄 것 같지도 않은데 물 위에 그대로 서 있었으므로 사람인지 귀신인지를 의심하였다 한다. 설령 구명보트를 탔더라도 집채만 한 파도에 흔들리고 일렁이게 마련인데 마치 평지에 서 있는 사람처럼 보였으므로 더욱 의심스러웠다고 한다.

영국 선원들은 곧 작은 배를 내려 그를 구조했다. 그런데 더욱 기이한 일은, 거사가 구조되자 거북이는 고개를 쑥 내밀고 거사가 큰 배에 오르는 것을 보고는 배의 주위를 한 바퀴 돌아서 다시 물속으로 모습을 감추었다고 한다.

방생을 할 때 물고기를 물속에 놓아주면 물에 들어갔다가 고개를 들어 놓아준 사람을 쳐다본 다음 물속으로 자취를 감춘다. 이에는 필시 까닭이 있을 것이다. 아래는 1969년 8월 20일자 경향신문에서 당시의 상황을 자세히 보도한 기사이다.

경향신문, 1969년
8월 20일자 기사

자라가 준 성공비결

일체중생의 고통이
모두 저에게서 익고
저들이 부처님의 가르침과 함께 함으로써
모두 행복하게 살아지이다.

세상의 고통을 치유하는 유일한 약이며
모든 번영과 기쁨의 원천인
부처님의 거룩한 가르침이
길이 이 땅에 머물러지이다.

－『입보리행론』

I

아래 이야기는 MBC에서 1996~1999년에 방영한 다큐멘터리 「이야기 속으로」에 나왔던 실화이다. 인터넷에서 「이야기 속으로, 자라가 준 성공비결」로 검색하면 볼 수 있다.

II

강원도 횡성군 우천면에 사는 김재휘(당시 44세) 씨는 동네 선배와 낚시를 갔다가 낚시의 찌가 심하게 요동치는 것을 발견하고 30분 이상 실랑이를 벌인 후에 끌어올렸는데, 그것은 크기가 아주 큰 야생자라였다. 미꾸라지를 낚시 미끼로 했더니 자라가 덥석 물었던 모양이었다.

선배로부터 "자라의 생피를 먹으면 몸에 좋다"는 말을 듣고 생피부터 먹고 자라를 요리해야겠다는 생각에, 소문을 듣고 보러온 여러 동네사람들 앞에서 잡으려고 하는데, 그가 도마 위에서 막상 자라를 잡으려고 했더니 도저히 용기가 나지 않았다. 그래서 당시 동네에서 돼지를 잡거나 닭을 잡거나 기타 동네잔치 등에 쓰일 생물을 잘 잡던 양씨에게 부탁하니 기꺼이 해주겠다고 하였다.

그런데 막상 도마 위에서 자라목을 치려고 하던 양씨조차도 칼은 들었으나 자라목을 치지 못하였는데, 수백 킬로그램

되는 돼지도 해며 한 방으로 잡곤 하던 그도 이상하게 꺼림칙한 마음이 들어서 도저히 못하겠다는 것이었다.

잡을 사람이 없어서 어쩔 수 없이 며칠째 자라를 고무통에 보관하고 있었다. 하루는 잠을 자고 있는데 김재휘 씨 부부 방 밖에서 누가 방문을 두드리는 소리가 들렸다. 깊은 밤에 누구인가 해서 열어보니 그 자라가 희한하게도 큰 고무통을 넘어서 마당을 지나 높은 턱에 올라서서 방문을 앞의 두 발로 치는 것이었는데, 그것이 문 두드리는 소리로 들렸던 것이다. 그리고 며칠 뒤에도 다시 문 두드리는 소리가 나서 열어보니 자라가 또 그렇게 똑같이 반복하고 있었다.

부부는 자라를 죽여서는 안 되겠다 싶어 그 자라를 넓은 저수지에 방생하기를 결심하였고, 다시는 사람에게 잡히지 말고 잘살라는 이야기와 함께 자라를 놓아주고 돌아온 후 며칠 뒤에 김씨는 신기한 꿈을 꾸었다.

방생했던 그 자라가 꿈에 나타나서 사람의 말을 하는데, "아저씨! 앞집을 사서 식당을 해보세요."라고 하는 것이었다. 워낙 생생한 꿈이었지만 앞집은 식당을 할 자리는 아닌 듯하여 실망하고 머뭇거리며 아내에게도 그 꿈 이야기는 하지 않고 있었는데, 그 며칠 후 친구가 이야기하기를, 그 집 주인이 집을 싸게 팔고 다른 곳으로 이사 가려고 한다는 것이었다.

그리고 김 씨가 꿈을 꾼 며칠 후 이번에는 아내가 다시 그 자라 꿈을 꾸었다. 자라는 또 다시 "아주머니! 앞집을 사서 식당을 해보세요. 아저씨를 잘 설득해서요."라고 하는 것이었다.

정말 심상치 않은 꿈을 두 사람이 함께 꾸었다는 사실을 안 부부는 결국 그 집을 사서 식당을 열었는데, 막상 식당을 열고 한동안은 목이 안 좋아서인지 손님도 없고 파리만 날릴 정도로 장사가 안 되었다. 그래서 헛된 짓을 했나 후회하고 있었다.

그런데 몇 달 후에 전혀 생각지도 못했던 일이 일어났다. 행정계획이 발표되어 주위 다른 집은 거의 모두 헐렸지만 그 식당을 중심으로 해서 면사무소, 파출소, 농협, 학교, 우체국, 기타 30여 개의 주민편의시설이 속속 들어서게 된 것이다. 식당을 개업할 때에는 전혀 생각지도 않은 중심 위치에 놓이게 되었고, 그 이후 식당은 번창해서 옆집까지 확장하였다.

더불어 김씨 부부는 결혼 후 꽤 오랫동안 아이가 없었는데, 그 자라를 놓아준 얼마 후에 아내가 임신을 해서 건강한 아들을 낳았고, 그것도 자라 덕택이 아닌가 생각하였다.

인과편을 맺으며

일행일선日行一善의 실천을 제안한다

'지도행도知道行道'라는 말이 있다. '이미 도를 알았으면 이제 그 도를 행하여야 한다'라는 뜻이다. 인생의 배경에는 운명이 있고, 그 운명은 인과의 법칙으로 전개되는 것을 알았으니, 이제 우리는 좋은 인과를 지어 좋은 운명을 만들어 나가도록 해야 한다.

아무리 좋은 약도 삼켜야 효과가 있는 것이지 약방문만 외워서는 쓸모가 없듯, 인생의 비결과 행복의 비법을 알고서도 실천하지 않으면 아무 소용이 없다.

이에 나는 '하루에 한 가지의 선한 일을 한다'는 '일행일선日行一善' 실천을 제안한다. 하루에 한 가지의 선한 일을 한다면 우리의 마음은 언제나 선심善心 가운데에 머물 것이며, 우리의 공덕은 하루하루 쌓여 나갈 것이요, 우리의 미래는 한 걸음 한 걸음 밝아져 갈 것이다.

선善이란 고원한 것이 아니다. 가정 속에서 가족을 위해 정성을 쏟는 것도 선이 되며, 직장 속에서 어려움에 처한 동료에게 따뜻한 말 한마디 건네는 것도 선이다.

물에 빠진 벌레 한 마리 건져주는 것도 선이요, 길을 가다가 통행에 지장을 주는 돌맹이 하나 치우는 것도 선이다. 골목길의 쓰레기 하나 치우는 것도 선이며, 지나가는 길가에 꽃 한 송이 가꾸는 것도 선이다.

이렇게 하루하루 묵묵히 한 가지의 선을 행하여 날이 지나고 달이 쌓이면 우리의 업장은 조금씩 녹고, 우리의 복덕은 점점 두터워질 것이다.

선행은 불법의 기초이며 보살도의 첫걸음이다. 일행일선은 생활 속에서 불법을 수행하며 공덕수행을 실천해 나가는 구체적인 방법이니, 우리 모두 일행일선을 실천해 나가길 제안해본다.

모든 악은 짓지 않고(諸惡莫作)
뭇 선은 받들어 행하며(衆善奉行)
스스로 마음을 깨끗이 함이(自淨其意)
모든 부처님의 가르침이로다.(是諸佛敎)

석운광

한양대학교 법학과와 동국대학교 불교학과를 졸업하였으며, 서강대학교 종교학과 대학원에서 공부하였다.
양재 선생 문하에서 한학을 수학하였으며, 2000년 은해사로 입산하여 정진중이다.

윤회와 인과의 실제 이야기

초판 1쇄 발행 2018년 6월 12일 | 초판 2쇄 발행 2020년 2월 3일
지은이 석운광 | 펴낸이 김시열
펴낸곳 도서출판 운주사
　　　 (02832) 서울시 성북구 동소문로 67-1 성심빌딩 3층
　　　 전화 (02) 926-8361 | 팩스 0505-115-8361
ISBN 978-89-5746-518-9 03220　 값 10,000원
http://cafe.daum.net/unjubooks 〈다음카페: 도서출판 운주사〉